자연의 깊은 맛
장아찌

자연의 깊은 맛 **장아찌**

지은이 김정숙 · 한도연
펴낸이 양동현
펴낸곳 도서출판 아카데미북
　　　　출판등록 제13-493호
　　　　02832, 서울 성북구 동소문로13가길 27 아카데미하우스 2층
　　　　전화 02-927-2345　팩스 02-927-3199

초판 1쇄 발행　2010년 9월 10일
초판 15쇄 발행　2020년 10월 27일

ISBN 978-89-5681-120-8 / 13570

＊ 잘못 만들어진 책은 구입한 곳에서 바꾸어 드립니다.
＊ 지은이와의 약속에 의해 인지는 붙이지 않습니다.

ⓒ김정숙 · 한도연, 2010

www.iacademybook.com

자연의 깊은 맛
장아찌

김정숙·한도연 지음

아카데미북

지은이의 말

늘 오고 가는 것이 계절이지만 계절의 변화보다 아름다운 기적도 드물다. 많은 가을을 살았고, 몇 번이나 더 가을을 맞이할지 모르지만 아직도 가을은 매번 쓸쓸함과 아련한 슬픔 같은 그리움으로 온다. '나고 또 나는 것'을 의미하는 주역(周易)의 역(易)에는 결코 설명할 수 없는 자연의 연속성이 있다. 처음도 끝도 없이 '환원하는 원과 같은 힘'이 계절을 순환하게 하고, 그 속에서 인간은 자연의 일부로 살아간다.

자연의 변화 속에서 모든 생물은 계절에 따라 인간에게 다른 먹거리를 제공한다. 생명의 근원은 먹는 데 있다. 먹는 것은 몸을 만드는 재료이고 기능을 유지하는 원료다. 건강하면 행복해질 확률도 그만큼 높아진다. 좋은 먹거리로 바른 식습관을 실천하는 식보(食補)는 오랫동안 지속해야만 효과가 나타나지 어쩌다 한 번 귀한 음식을 먹는다고 해서 건강해지는 것은 아니다. 건강하게 장수할 수 있는 양생(養生)의 첫 번째 원칙은 자연에 순응하는 것으로, 제철에 나오는 자연 식품을 먹는 것이 가장 좋다.

음식은 문화다. 우리 민족에게는 수세기 동안 전승되고 검증되어 온 토종 음식인 김치와 장류, 젓갈이 있다. 이른바 '발효 식품'이라고 통칭할 수 있는 이들 음식은 아무리 급해도 즉석에서 먹을 수 있는 것이 아니다. 정성을 다하고, 기다림과 인내의 시간을 견디며 날씨와 바람과 햇살, 기온이 함께 숙성시킨 자연의 맛이다.

　장독대는 어머니의 정성이 살아 있는 성지다. 오지항아리나 크고 작은 독이 즐비한 장독대는 양지바르고 바람이 잘 통하는 뒷마당 한켠 우물 가까이에 자리했다. 장독에는 귀신을 쫓아 준다는 의미를 가진 숯과 고추를 넣고 금줄을 둘렀다. 그러면 그 주위로 봉선화와 맨드라미가 다투어 피었다. 이 모든 것이 장맛을 변하게 하는 나쁜 기운의 접근을 막는 주술적인 의미를 담고 있었다. 간장, 된장, 고추장 그리고 장아찌의 맛은 단순한 솜씨가 아니라 어머니의 지극한 정성이 빚어내고 시간이 곰삭힌 한국 음식의 기본이다.

　장독을 기반으로 한 장아찌는 우리네 어머니에서 어머니에게로 오랜 세월 전승되어 온 생활의 지혜가 담긴 음식으로, 수더분한 시골 아낙 같은 소박함이 살아 있다. 장아찌는 장독에 장이 익듯이 천천히 익어야만 제맛이 난다. 겨우내 움츠린 나무에서 새싹이 돋듯, 꿈꾸던 장미 봉오리가 서서히 피어나는 것보다 더 서서히 익기에 기다려야만 먹을 수 있는 음식이 바로 장아찌인 것이다.

　한동안 트랜스 지방이 비만과 심장병, 동맥경화 등을 유발한다 하여 논란이 있었다. 트랜스 지방이 처음 거론된 것은 1900년대 초로, 그 유해성이 검증되는 데 무려 100년이라는 시간이 걸렸다. 19세기의 저술가인 달라스(E.S. Daiias)는 "양념은 형편 없는 요리의 피난처"라고 했다. 값싼 재료에 화학 조미료와 각종 첨가물을 넣어 미각을 마비시킨 인스턴트 음식을 꼬집는 말이다.

　그런 면에서 장아찌는 갖가지 향신료와 미각을 마비시키는 첨가물 범벅에 국적조차 알 수 없는 음식과는 차원이 다르다. 제철에 흔한 채소를 이용해 장이나 식초에 절인 저장 식품으로, 녹색 식물의 엽록소가 살아 있는 음식이다. '푸른 생명의 피'로 불리는 엽록소는 태양 에너지를 우리 몸속에 전달하여 활력을 불어넣는다. 그런데 우리나라의 겨울은 길고 추워서 채소가 자랄 수 없다. 이렇듯 채소가 귀한 겨울철에 대비하여 제철 채소가 흔할 때 미리 준비하여 부패와 변질을 막고 장기간 보관할 수 있게 한 밑반찬이 장아찌였다. 절임액은 취향에 맞게 선택하면 되는데, 짭짤한 장류와 식초는 저장성을 높이고 맛의 특성을 결정한다.

　장아찌를 담그는 것은 탐험을 떠나는 일과 같다. 재료의 신선도와 수분 함량 등에 따라 완성된 장아찌의 맛과 향이 달라지기 때문이다. 재료의 크기가 큰가 작은가? 간장이나 식초에 넣을까, 아니면 액젓에 넣을까? 설탕 대신 매실청이나 효소를 넣어 보면 어떨까? 된장에 액젓을 더하면 짜지 않을까? 이런 조건들을 선택하는 것은 예술가들이 겪는 창작의 고통만큼이나 어려우면서도 행복한 고민이었다.

　어머니의 소박한 음식이 생명의 먹거리인 이유는 자연을 거스르거나 억누르지 않고 먹는 사람을 위한 정성을 담았기 때문일 것이다. 같은 맥락에서, 장아찌를 담그는 것은 음식 솜씨를 마음껏 뽐낼 수 있는 아름다운 작업도 아니고, 현대인들에게 각광받는 웰빙 음식이나 호사스런 음식을 만드는 매력적인

　작업도 아니다. 이 책을 만들면서 안심하고 먹을 수 있는 건강한 먹거리를 만들기 위해 우리 어머니의 어머니와 할머니의 할머니들이 가지고 있는 전통과 지혜를 빌리고, 직접 담가 보면서 생명이 되는 먹거리를 만들려고 노력했다. 그와 더불어 식탁의 기본이 되는 재배 채소 외에도 산나물과 들나물을 이용한 장아찌를 소개했다. 친환경적이고, 야생에서 자라 생명력이 살아 있는 산야초는 발암 물질을 억제하는 효과가 탁월하고, 이미 발생한 암이 성장하는 것까지 막아 주는 효능이 있다. 가까운 산과 들만 나가도 쉽게 구할 수 있는 쑥, 민들레, 질경이, 쑥부쟁이, 소루쟁이, 꿀풀 등은 잡초라고 생각하여 하찮게 보았던 식물이다. 그래서 내가 이들 나물을 캐는 것을 보고 대부분의 사람들이 "이런 풀도 먹어요?"라고 물으며 놀란다.

　제철에 나온 다양한 채소로 삼삼하게 장아찌를 담가 냉장 보관해 두고 먹는다면 식탁에 변화를 줄 수 있을 뿐만 아니라 약선(藥膳) 기능까지 더해져 건강에도 도움이 될 것이다.
　이 책의 출간을 위해 수고해 주신 도서출판 아카데미북 사장님 이하 직원들께 감사의 마음을 전한다.

2010년 가을이 오는 길목, 우암관 연구실에서
김정숙

차례

지은이의 말 4

1장 장아찌 알고 먹기

장아찌 알고 먹기 12
한국음식의 가장 큰 특징은 발효 12
한국의 발효 음식은 슬로푸드의 표본 13
장아찌란? 14
장아찌의 역사와 유래 15

장아찌의 재료와 연중 계획 짜기 19
장아찌의 재료 19
재료에 따른 장아찌의 영양 20
장아찌 연중 계획 짜기 22
계절별 장아찌 23
봄 장아찌 23 | 여름 장아찌 23 | 가을 장아찌 24 | 겨울 장아찌 25 | 익힌 장아찌 '숙장과' 25
장아찌의 저장과 보관 26

장아찌 분류 27
지역에 따른 분류 27
장류에 따른 분류 28
간장·된장·고추장 장아찌 28 | 식초·젓갈·소금 장아찌 31

자연의 깊은 맛 장아찌

장아찌 맛있게 담그는 방법 33
장아찌 맛있게 무치는 법 35
장아찌의 기본 양념 35

장아찌의 필수 장류 37

소금 37
깊고 오묘한 자연의 맛, 소금 37 | 소금의 종류와 성분 38

식초 39
자연이 준 기적의 물, 식초 39 | 식초의 종류와 쓰임 39 | 식초의 기능과 효능 41

간장 42
은근한 기다림의 맛, 간장 42 | 간장 제조법과 종류 43 | 간장의 분류 44

된장 44
구수한 한국의 맛, 된장 44 | 된장의 제조와 종류 45 | 된장의 기능과 효능 46

고추장 47
한국을 대표하는 매운맛, 고추장 47 | 고추장의 제조와 종류 48

2장 장아찌 담그기

가지 52 ● 감 54 ● 개똥쑥 56 ● 개망초 58 ● 개미취 60 ● 거북꼬리 62 ● 고구마 64 ● 고구마순 66 ● 고들빼기 68 ● 고사리 70 ● 고추 72 ● 곰취 74 ● 김 76 ● 깻잎 78 ● 냉이 80 ● 다래순 82 ● 달래 84 ● 달맞이꽃 & 돌나물 86 ● 닭의장풀 88 ● 대추 90 ● 더덕 92 ● 두릅 94 ● 둥굴레 96 ● 마늘 98 ● 마늘종 100 ● 매실 102 ● 메꽃 104 ● 명아주 106 ● 무 108 ● 무청 112 ● 미삼 114 ● 민들레 116 ● 밤 118 ● 버섯 120 ● 브로콜리 & 콜리플라워 124 ● 뽕잎 128 ● 산마늘(명이나물) 130 ● 셀러리 132 ● 소루쟁이 134 ● 쇠비름 136 ● 싱아 138 ● 쑥 140 ● 쑥부쟁이 142 ● 양파 144 ● 엄나무 146 ● 연근 148 ● 오이 150 ● 원추리 154 ● 은행 156 ● 잣 158 ● 죽순 160 ● 질경이 162 ● 차조기(자소엽) 164 ● 참나물 166 ● 참외 168 ● 칡 170 ● 콩잎 172 ● 토마토 174 ● 피망 178 ● 호박잎 180

특별하게 즐기는 장아찌

● 굴비 182 ● 도토리묵 184 ● 두부 186 ● 북어 188 ● 진미채 190

참고 문헌 192

1장
장아찌 알고 먹기

장아찌 알고 먹기 · 장아찌의 재료와 연중 계획 짜기 · 장아찌 분류 · 장아찌 맛있게 담그는 방법 · 장아찌의 필수 장류

장아찌 알고 먹기

한국 음식의 가장 큰 특징은 발효

한 민족의 식생활은 기후나 풍토 등의 자연 환경과 사회 환경 속에서 오랜 기간을 걸쳐 형성되는 하나의 식문화다. 벼농사가 도입되고 삼국 시대 말기에 이르면서 우리나라는 곡물로 지은 밥[飯]을 주식으로, 기타 식품을 반찬이라 하여 주식과 부식으로 구별하게 되었다. 그 후 우리의 식생활은 조선 시대 중엽 이후에 발달한 김장 문화와 함께 밥, 국, 김치로 이어지는 기본 식단을 체계화하기에 이른다.

한국 음식의 특징은 발효에 있다. 김치나 간장, 된장, 젓갈은 만든다고 하지 않고 '담근다'고 하는데, 이 말에는 '삭힌다', '익힌다'는 뜻이 포함되어 있다. 기본적으로 발효 식품은 농산물이 미생물의 효소 활성에 의해 원료보다 더 바람직한 식품으로 전환된 것이라 할 수 있다. 미생물의 종류나 식재료에 따라 다양한 발효 식품이 만들어지는데, 이 과정에서 영양이 상승하고 기호성과 저장성이 우수해져 원재료보다 더 나은 식품이 된다. 미곡을 위시하여 곡물 생산량이 증가하면서 비축까지 하게 되었고, 장(장류, 젓갈)·김치·절임·술 등을 발효하는 기술이 정착되면서 발효가 상비 관습(常備慣習)으로 한국인의 식생활에 뿌리내리게 되었다.

한국의 발효 음식은 슬로푸드의 표본

"현대는 제3의 맛 시대다." 미래학자 앨빈 토플러(Alvin Toffler, 1928~)의 지적이다. 제1의 맛이 기본인 소금 맛이고, 제2의 맛이 온갖 양념을 첨가해서 내는 맛이라면 제3의 맛은 식품 자체에서 우러나오는 발효의 맛이다. 한마디로 세상은 점점 제3의 맛 시대로 옮겨 가고 있다는 것이다. '곰삭은 맛'을 내는 발효 식품으로 세계 음식의 패턴이 변할 것임을 간파한 것이다.

건강에 관심이 집중되면서 패스트푸드의 병폐에 맞서 '느림의 미학'을 모토로 내건 '슬로 푸드(slow food)'가 인기를 끌고 있다. 이와 함께 발효 과정을 거치는 우리의 전통 음식에 대한 관심도 자연스럽게 높아지고 있다. 그런 면에서 장아찌는 독특한 미각으로 우리의 식문화를 대표하는 음식으로 자리잡았다고 할 수 있다.

그런가 하면 레비스트로스(LeviStrauss, 1908~2009)는 동양 3국의 음식의 특징을 예리하게 보고 있다. 중국 음식이 '불'의 맛이라면 일본 음식은 '칼'의 맛이고, 한국 음식은 '발효'의 맛으로, '음식 3각도'의 꼭지점에 놓인 것이 발효, 즉 곰삭힘이라 했다. 날로 먹는 자연의 맛이나 익혀서 먹는 문명의 맛에서는 찾아볼 수 없는 제3의 맛인 곰삭은 발효미는 삭힘의 절대 시간이 필요하다. 그런 만큼 한국의 전통 음식은 기다림의 맛이요, 시간의 맛이라 할 수 있다. 한국 발효 음식의 대표주자인 김치를 선두로 간장, 고추장, 된장과 같은 장류, 젓갈류, 식초류, 장아찌에 이르기까지 우리나라를 대표하는 음식은 모두 발효 식품이다. 그런 의미에서 한국은 실로 발효 식품의 왕국이라 할 수 있으며, 우리 음식이 미래의 건강 식품으로 인정받기 시작한 것 또한 결코 우연이 아닐 것이다.

《성호사설》권5에는 "고려의 생채는 맛이 매우 좋고, 버섯의 향이 뒷산을 넘는다."라고 기술하고 있다. 산 좋고 물 좋은 우리나라에서 재배된 채소는 향이 뛰어나고 맛이 좋아 쌈채로 먹기에 적합하다. 채소쌈은 우리나라만의 독특한 음식 문화 가운데 하나로, 그 배경에는 훌륭한 '장' 문화가 뒷받침되어 있다. 바로 이 맛깔스러운 장 문화 덕분에 다양한 장아찌가 발달할 수 있었다고 볼 수 있다.

장아찌란?

   장아찌는 절임류로 간장이나 고추장, 된장, 소금, 식초, 젓갈, 술지게미 등을 이용한 저장 식품이다. 식탁에 자주 오르는 친근한 반찬으로, 철마다 담그는 종류가 다르다. 장아찌를 한자로는 장과(醬瓜)라고 한다. 장아찌라는 말 자체도 장을 의미하는 '장아'와 무언가에 짜게 절인 채소를 의미한다는 뜻의 '디히' 또는 '찌'가 결합해서 만들어진 단어다. 장아찌는 보통 제철에 나는 흔한 채소를 소금에 절이거나 꾸덕꾸덕하게 말려 간장이나 고추장, 된장, 식초 등에 넣어 오랫동안 저장해 두었다가 먹는다. 짧게는 몇 주에서 길게는 해를 바꾸어 저장하는 우리 고유의 저장 식품으로 1년 정도 지나야 제대로된 맛이 나기 때문에 민간에서는 미리미리 비축해 두었다. 특히 우리나라는 사계절의 구분이 뚜렷하고 지역적·풍토적 다양성을 갖춘 덕분에 저장 식품이 발달했다. 그중 하나가 장아찌로, 채소가 자랄 수 없는 겨울철에 채소를 먹기 위한 방편이었다. 이렇게 철따라 나오는 여러 가지 채소를 장아찌로 만들어 저장해 두고 식탁에 채소가 부족해지지 않도록 대비한 것이다. 기온의 차이가 심하고 제철에 생산되는 산물이 다른 자연 환경에서 채소를 꾸준히 섭취할 수 있는 방법을 찾은 조상들의 지혜였다.

   장아찌의 가장 큰 장점은 원재료의 맛을 가장 잘 지키면서 익히지 않고 먹을 수 있도록 배려한 음식이라는 데 있다. 특히 장 속에서는 부패균이 번식하지 않는 데다 숙성 과정에서 장 성분이 채소와 함께 숙성되기 때문에 독특한 맛이 난다. 그중에서도 초에 절인 장아찌는 살균력이 강해 소금의 농도가 낮아도 방부 작용을 하고, 식욕도 증진시켜 준다.

   최근에는 계절에 상관없이 신선한 채소를 먹을 수 있고 음식에 대한 기호가 변해서 장아찌에 대한 기호와 관심이 낮아진 것이 사실이다. 그러나 아직도 장아찌는 잃어버린 입맛을 찾아 주고 되살려 주는 개운한 맛을 가진 우리 전통 음식으로서의 역할을 톡톡히 해내고 있다.

장아찌의 역사와 유래

원시 시대부터 어떤 음식을 먹느냐가 그 사람의 신분을 확인시켜 주는 역할을 했다. 전통적인 요리법은 지역적·국가적·종교적 특성을 지니고 있음은 물론이고, 그 집단이 일반적으로 좋아하는 먹거리나 식품, 향신료와도 깊은 관계를 맺고 있다. 사람들은 주변에서 쉽게 구할 수 있는 식품을 주로 먹고 또 자주 먹는데, 이 과정에서 그 식품에 친근감을 갖게 된다. 그 지역의 특산물을 주로 먹어 왔기 때문에 특정 식품을 좋아하는 경우도 있다. 어떤 식품을 좋아하는가를 구분하는 지역적인 경계가 사투리를 구분하는 경계와 일치한다는 사실도 매우 흥미롭다.

삼국 시대에 이르러 철기 문화의 발달로 철제 농기구가 보급되고, 소를 이용하여 땅을 갈게 되고, 수리 공사를 통해 저수지를 만들어 관개 농경을 하게 되면서 농산물의 생산량이 늘어났다. 그 결과 밥이 주식이 되고 자연스럽게 반찬이 필요해졌는데 반찬은 곡물 이외의 식품으로 만들었다. 콩으로 담근 장, 고기나 어패류로 만든 포(脯)와 젓갈, 채소로 만든 절임(김치) 등을 비롯한 여러 가지 음식은 단백질과 무기질의 공급원으로, 영양의 균형을 이루기에 적합하다. 그 결과 밥은 주식, 반찬은 부식이라는 개념이 생겨 장이나 젓갈, 김치, 포 등을 언제나 먹을 수 있는 밑반찬으로 구성하는 상차림이 식사의 기본으로 정립되었다.

삼국 시대에는 죽순이나 가지, 박, 무 등을 이용해 소금 절임을 하거나 소금 + 식초 절임을 하거나 장 절임을 하거나 소금 + 술지게미 절임을 하거나 소금 + 밥 + 누룩 절임을 했는데, 이것이 오늘날의 장아찌라고 보면 된다.

고대로부터 전해 오는 장아찌는 그 재료가 매우 많고 방법 또한 다양하다. 알려져 있는 것만 해도 200여 종이 넘는데, 먹을 것이 부족했던 과거에 먹을 수 있을 것 같은 식물은 무조건 저장해 먹던 까닭도 있다.

《삼국지위지동이전(三國志魏志東夷傳)》에는 고구려 사람들을 가리켜 '선장양(善藏讓)'이라 하여 장이나 젓갈, 김치 계통의 것을 잘 만들어 먹는 사람이

표 1-1 조선 시대 조리서에 나타난 장아찌

시대	조리서	장아찌 이름	주재료	양념·젓갈
조선전기	수운잡방 1481~1552	조가지저 (糟茄菹)	가지, 소금	백두옹 (할미꽃)
		가지즙저 (汁茄菹) ①	가지, 즙장	
		가지즙저 (汁茄菹) ②	가지, 감장 또는 말장	
		오이즙저 (汁瓜菹)	가지, 감장 또는 말장	
		동아개채 (過冬芥菜法)	동아, 소금, 장기름, 겨자가루	
		무개채	무, 소금, 장기름, 겨자가루	
		모점이법 (毛占伊法)	가지, 장	기름, 식초, 마늘
	음식디미방 1598~1680	향과저 (香瓜菹, 향기나는 오이 김치)	노장대과, 간장	생강, 마늘, 향수유, 호초
		동아 담그는 법	동아, 소금	
		고사리 담그는 법	고사리, 소금	
조선중기	증보산림경제 1766	마늘 담그는 법	마늘, 소금	천초
		죽순초 (竹筍酢)	죽순, 소금	생강, 파, 메줏가루, 천도
		부들순해 (蒲筍酢)	부들순, 멥쌀밥, 소금	
		연뿌리초 (蓮根酢)	연뿌리, 소금	파, 생강, 홍국, 엿기름, 기름, 귤피
		오이산 (黃瓜蒜)	어린 오이를 찐 마늘과 소금에 절인다.	
		가지산 (茄蒜)	가는 가지를 찐 마늘과 소금에 절인다.	
		동아산 (冬瓜蒜)	동아를 찐 마늘과 소금에 절인다.	
		숭개 (菘芥)	배추를 겨자즙, 식초, 간장을 섞은 것에 절인다.	
		개말가 (芥末茄)	가지를 겨자즙, 식초, 간장을 섞은 것에 절인다.	
조선후기	규합총서 1809	황과개 (黃瓜芥)	오이를 겨자즙, 식초, 간장을 섞은 것에 절인다.	
		장가 (醬茄) 장황과 (醬黃瓜)	가지, 오이, 자총 등을 전처리하여 장에 절인다.	
		조가 (糟茄) 조황과 (糟黃瓜)	가지, 오이 등을 전처리하여 소금과 술지게미를 섞은 것에 절인다.	
		조산 (糟蒜) 조강 (糟薑)	마늘, 생강 등을 전처리하여 소금과 술지게미를 섞은 것에 절인다.	
		부추 절임	부추를 소금에 짜게 절인다.	

라고 해 놓았다. 고구려 안악 고분 벽화에는 우물가 장독대에서 음식을 독에 담는 듯한 모습이 그려져 있다. 이로 미루어 보아 그 안에는 장류나 김치, 장아찌 등의 발효 식품이 들어 있을 것으로 추측된다. 《목은집(牧隱潗)》에는 김치의 우리말 한자 표기인 '침채(沈菜)'가 나온다. '산개염채(山芥鹽菜)', '장과(藏瓜, 된장에 담근 오이 장아찌)' 등 장아찌가 처음으로 문헌에 등장하기도 한다.

장아찌에 대한 최초의 기록은 고려 시대 중엽 이규보가 쓴 《동국이상국집(東國李相國集)》〈가포육영〉이다. "좋은 장을 얻어 무를 재우니 여름철에 좋고, 소금에 절여 겨울철에 대비한다."라고 하여 구체적으로 장아찌에 대한 내용을 언급하고 있다. 정약용이 쓴 《아언각비(雅言覺非)》(1819년)에는 '제채(虀菜)'라는 표현이 나오는데, 제(虀)는 온(蘊)의 일종으로 가늘게 썬 것을 초와 장에 섞어 생강과 마늘을 가늘게 썰어 양념을 넣고 버무린 것이라 되어 있다가 나중에는 김치 종류로 기록되어 있다.

《임원십육지(林園十六志)》(1827년)에서는 김치 무리를 엄장채(醃醬菜), 제채(虀菜) 자채(鮓菜), 저채(菹菜) 등으로 분류해 놓았는데, 이것을 현대에는 소금절이 김치, 초절이 김치, 장아찌, 식해형 김치 등으로 부른다.

가지장아찌, 고춧잎장아찌, 굴비·북어장아찌, 굴장아찌, 김장아찌, 깨줏지, 단풍든콩잎장아찌, 달걀장아찌, 달래장아찌, 당귀장아찌, 더덕장아찌, 도라지장아찌, 깻잎장아찌, 도토리묵 장아찌, 동아장아찌, 두릅장아찌, 두부장아찌, 둥근파장아찌, 깻잎젓갈장아찌, 마늘잎장아찌, 마늘장아찌, 마늘종장아찌, 마른오징어장아찌, 머위장아찌, 무말랭이장아찌, 무멸치젓장아찌, 무숙장아찌, 무채장아찌, 무청장아찌, 무장아찌, 묵장아찌, 산초장아찌, 속대장아찌, 숙장아찌, 씀바귀장아찌, 양하장아찌, 언장아찌, 열무장아찌, 오이장아찌, 오이통장아찌, 우무장아찌, 잔고장아찌, 장채장아찌, 전복장아찌, 쪽파장아찌, 파장아찌, 참외장아찌, 콩잎장아찌, 토란장아찌, 풋감장아찌, 풋고추장아찌, 호박장아찌, 홍합장아찌, 후춧잎장아찌, 배추꽃이장아찌, 배추무말랭이장아찌, 무청장아찌, 무말랭이젓장아찌, 배춧잎장아찌

《농가월령가(農家月令歌)》(1861) 7월령에 보면 "채소와 과실이 흔할 적에 저축 많이 하소. 박·호박고지 켜고, 외·가지 짜게 절여 겨울에 먹어 보소."라 하고, 9월령에서는 "황계백숙 부족할까, 새우젓 계란 찌개 상찬으로 차려 놓고 배추국 무나물에 고춧잎장아찌라."고 하였다. 이로 미루어 보아 당시에 장아찌가 필수 음식이고, 입맛을 돋우는 기호 식품이었음을 알 수 있다.

대부분의 채소와 덜 익은 과일은 장아찌의 재료가 될 수 있는데, 그 종류만 해도 70~80여 종으로 현재 우리가 먹는 장아찌는 거의 1900년대 말에 만들어 먹던 것들로 볼 수 있다.

현재는 장아찌와 김치와 완전히 분리되어 있지만 조선 전기에 나온 조리서만 봐도 장아찌가 김치(菹)에 포함되어 있다. '해(醢)'는 양념에 버무려 익힌 '지'를 말하는 것으로 어해(魚醢), 저해(菹醢)의 뜻을 가지고 있다. '저(菹)'에 대하여 《임원십육지》에서는 "저는 생 채소를 소금에 절여 차가운 곳에 두어 익힌 것, 즉 저(菹)란 한번 익혀 먹는 침채류다."라고 정의하고 있다.

상고 시대의 김치는 해로 시작되어 신라와 고려를 거치는 과정에서 해형(醢型) 김치가 침채형(沈菜型)과 해형(醢型)으로 나뉘어 발달했다. 그것이 다시 여러 갈래로 분화되고 발달하여 오늘날의 형태로 다양해지면서 고대의 해형(醢型) 김치가 장아찌가 되었는데, 조선 후기 《규합총서(閨閤叢書)》까지 그대로 '저(菹)'로 표기되어 있다. 김치의 종류도 장아찌형이 가장 많고 다음이 짠지형이다.

장아찌의 재료와 연중 계획 짜기

장아찌의 재료

　수천 년의 역사 속에서 우리나라는 가뭄, 홍수 등의 천재지변과 전쟁의 피해로 인해 굶주림의 고통을 당하는 일이 비일비재했는데, 특히 대가족의 식사를 책임지는 어머니들에게 있어 가족의 끼니를 해결해야 하는 것은 큰 책무였다. 먹여야 할 가족은 많고 먹거리는 넉넉치 않은 상황에서 곡식 한 알, 풀 한 포기 하나도 결코 소홀히 할 수 없었고, 채소는 뿌리부터 열매, 줄기, 꽃, 잎, 씨앗까지 가능하면 버리지 않고 모두 먹을 수 있는 방법을 고민해야 했다. 이러한 노력은 결과적으로 우리 음식 문화가 발전하는 데 매우 큰 공헌을 했다. 장아찌는 그러한 문화적 특성이 반영된 음식이라고 할 수 있다.

　날로 먹는 채소라면 무엇이든 장아찌의 재료가 될 수 있지만, 수분이 많고 섬유소가 적은 것은 마땅치 않다. 장아찌의 재료로 많이 쓰이는 채소는 무, 오이, 풋고추, 마늘, 마늘종, 깻잎, 더덕, 도라지, 고춧잎, 무말랭이, 콩잎, 표고버섯, 송이버섯 등이다. 채소 외에도 김·미역·다시마 등의 해초와, 굴비·북어 등의 해산물, 그리고 두부와 도토리묵도 재료로 쓰인다.

　지방에 따라서는 동아나 우엉, 산초잎, 산초 열매, 풋감, 송이버섯, 표고버섯, 고들빼기(지역에 따라 씀바귀라고 부르기도 함), 콩잎도 쓴다. 전라도 지방에는 특히 밑반찬이 많은데, 생산되는 채소 종류가 다양하기 때문인 것으로 보인다. 강원도와 충청도의 산간 지방에서는 산나물을 재료로 한 장아찌를 많이 만들어 먹는다. 특별한 장아찌로는 감이 많이 나는 고장에서 풋감을 고추장에 박아 만드는 감장아찌, 더덕이 많이 나는 지방에서 만들어 먹는 더덕장아찌 등을 꼽을 수 있다. 두부의 물기를 제거한 뒤 고추장에 박아 두었다가 먹는 평안도 지역의 두부장아찌도 있다.

재료에 따른 장아찌의 영양

김장을 하고 남은 작은 무 조각을 썰어 말린 무말랭이는 비타민과 칼슘, 철, 인 등의 미네랄이 풍부하다. 비타민C도 사과보다 4배나 많이 들어 있다. 무말랭이를 보면 작은 무 조각 하나도 버리지 않고 반찬으로 이용한 어머니들의 알뜰함과 가족의 건강을 지키고 상차림을 대비한 정성을 엿볼 수 있다.

양파는 혈전 예방과 해소, 당뇨병 치료와 살균, 암 예방에 효과적인 강장제이자 자연산 항균제다. 쇠한 기력을 회복시켜 주고 숙면을 유도하는 효과도 있다. 한 가지 단점이라면 매운맛과 자극적인 냄새다. 하지만 이 냄새는 양파가 가진 약효의 핵심인 유화아릴이다. 그런데 양파를 식초나 간장에 담가 장아찌로 만들면 유화아릴의 약성은 그대로 보존되면서 자극적인 냄새는 적어진다.

더덕(뿌리)에는 섬유질을 비롯하여 칼슘과 인, 철분 등의 무기질과 비타민이 풍부하다. 잘랐을 때 나오는 하얀 진액인 사포닌(saponin)은 폐 기운을 돋위 준다. 더덕이 오래 전부터 기관지염이나 천식을 치료하는 약재로 쓰여온 것도 이 때문이다. 더덕을 소금에 절여 꾸덕꾸덕하게 말린 뒤 얇은 베보자기에 싸서 고추장에 박아 삭힌 더덕장아찌는 밑반찬으로 유용하다. 숙성되는 동안 쓴맛은 사라지고 깊은 맛이 들어 두고두고 먹을 수 있으며 특히 손님 접대에 좋은 반찬이 된다.

오이의 특징은 시원한 맛과 풍부한 수분에 있다. 비타민A · C가 풍부한데, 그중에서도 비타민C는 특히 피부 미용에 좋다. 그러나 비타민C는 열에 약하고 파괴되기 쉬운 수용성 비타민이다. 하지만 오이를 식촛물이나 소금물, 간장물에 재웠다가 양념에 무쳐 먹으면 비타민이 파괴되는 것을 막을 수 있다. 사각사각 씹히는 맛도 일품이라 남녀노소를 불문하고 모두가 좋아한다. 냉국에 오이장아찌를 썰어 넣어 먹으면 피로 회복에도 좋다.

깻잎은 비타민A · B · C와 니아신이 풍부하고 맛과 향이 진해 냄새가 강한 육류 요리와 잘 어울린다. 깻잎으로는 간장장아찌, 된장장아찌, 고추장장아찌 모두 담글 수 있다. 계절에 관계없이 두고두고 먹을 수 있는 요긴한 밑반찬이다.

마늘은 냄새를 제외하고는 백 가지 이로움을 준다는 의미에서 일해백리(日害百利)의 식물이라 불린다. 혈당 강하, 동맥경화 예방, 혈소판 응집 억제 등 여러 가지 생리 활성을 돕는 효과도 있어서 꾸준히 섭취하는 것이 좋다. 문제는 생마늘의 경우 매운맛이 강해서 다량 섭취가 불가능하고, 과잉 섭취할 경우 위 점막을 손상시킬 수도 있다는 것이다. 하지만 마늘을 장아찌로 만들어 먹으면 자극적인 매운맛과 냄새가 거의 없어지고 특유의 향이 난다. 매운맛이 약화된 마늘장아찌는 양념이 아닌 부식 역할을 하는 건강식이 된다.

표 1-2 **재료 및 이용 부위에 따른 장아찌**

이용 부위	식품 재료
잎과 줄기	배추, 열무, 고춧잎, 콩잎, 깻잎, 당귀, 호박잎, 아욱, 시금치, 갓, 무청, 풋마늘잎, 고춧잎
열매나 뿌리	무, 오이, 가지, 무말랭이, 풋고추, 감자, 고들빼기, 더덕, 도라지, 마늘, 토란, 고구마, 연근, 우엉
과실류	감, 참외, 천도복숭아, 매실, 곶감, 수박, 사과, 대추
견과류	밤, 호두, 은행, 잣
해초류	다시마, 김, 미역귀, 우무, 파래, 꼬시랭이, 톳, 해파리
어류	전복, 마른오징어, 대구포, 마른새우, 생새우, 북어, 문어
육류	우둔침장(쇠고기 우둔살 +간장), 쪽장과(쇠고기+오이, 무, 당근, 집간장)
기타	두부장아찌, 묵장아찌(도토리묵 · 청포묵 · 우무묵), 버섯장아찌(표고 · 양송이 · 느타리 · 송이)

장아찌 연중 계획 짜기

우리나라는 대륙과 해양 양면으로 대륙성 기후와 해양성 기후가 공존하고 4계절의 변화가 뚜렷하다. 일 년 열두 달에 따라 산출되는 채소가 다른 만큼 그 특성에 맞는 음식이 발달했다. 또한 계절에 따라 기온 차가 심해서 채소가 많이 나지 않는 계절에 채소를 저장하고 가공하는 것은 채소를 끊이지 않고 공급하기 위한 필수 요건이었다.

표 1-3 장아찌 연중 계획표

월	장아찌
1월	다시마, 호두, 버섯, 양파, 무
2월	파래, 달래, 무말랭이, 밤, 두부
3월	죽순, 쪽파, 동치미무, 김, 굴비, 무말랭이
4월	풋마늘 마늘종, 더덕, 가죽잎, 북어포, 고구마
5월	꽃게장, 더덕, 부추, 연근, 묵은 배추김치
6월	풋고추 양파, 아욱, 애호박, 매실
7월	오이, 깻잎, 차조기, 복숭아, 깻잎, 오이, 풋고추
8월	풋고추, 양파, 가지, 참외
9월	가지, 감, 오이, 참외, 가지
10월	참게장, 배추, 고춧잎, 우엉
11월	송이버섯, 느타리버섯, 무, 김, 묵, 사과, 배, 산초
12월	무말랭이, 홍합, 시래기, 겨울배추

봄철 장 담그기와 나물 말리기, 초여름의 젓갈 담그기, 초가을의 나물 말리기와 장아찌 담그기, 입동 무렵의 김장 담그기와 메주 쑤기 같은 연중 행사는 계절에 대처하는 조상의 지혜였다. 나아가 제철을 놓치지 않고 장아찌 등 밑반찬을 준비하는 것은 절대 소홀히 할 수 없는, 주부의 소임 가운데 하나이기도 했다. 덕분에 우리는 밥상에서 계절의 변화를 느낄 수 있었다.

계절별 장아찌

봄 장아찌

봄소식을 가장 먼저 전하는 달래는 뿌리와 줄기를 모두 먹을 수 있어 통째로 간장이나 소금에 절였다가 식초 절임을 하거나 고추장에 넣기만 하면 된다. 더덕과 도라지는 꾸덕꾸덕하게 말린 뒤 된장이나 고추장에 넣어야 물이 생기지 않는다. 먹을 때는 결대로 쭉쭉 짖어 참기름과 깨소금만 넣고 무친다.

죽순은 봄에만 잠깐 나오기 때문에 간장에 절여 두었다가 상에 내면 짭조름하면서도 아삭한 맛을 즐길 수 있다. 죽순간장장아찌는 간장을 끓여 두세 번 정도 부어 주어야 맛이 변하지 않는다.

마늘장아찌용 마늘은 덜 여물어서 쪽이 붙어 있고 대가 약간 푸르며 껍질이 불그레한 육쪽 마늘이 좋다. 간장에 담그려면 소금물에 삭히는 대신 심심한 식초에 나흘 정도 담갔다가 간장 5컵에 식초 1/2컵, 설탕 1/2컵을 끓여 식혀서 항아리에 붓는다. 열흘에 한 번씩 간장만 따라내어 다시 끓여 붓기를 서너 번 반복해야 맛이 좋아진다. 연한 마늘종도 식초를 부어 삭혀서 고추장에 박거나 살짝 말린 것을 짧게 잘라서 양념한다. 색깔을 하얗게 하고 싶다면 마늘을 소금물에 삭혔다가 소금으로 간을 한 식초를 부으면 된다.

여름 장아찌

장아찌를 담는 시기는 재료가 흔히 나오는 계절이 좋다. 대개는 햇장이 익을 즈음 지난해 먹다 남은 묵은 장을 이용해 담는다. 여름 장아찌의 재료로는 깻잎이나 참외, 오이, 가지, 호박 등이 적당하다. 장아찌는 간이 짭짤하기 때문에 오래 두고 먹어도 맛이 변하지 않아 밑반찬이나 술안주로 요긴하다.

깻잎은 간장이나 된장에 넣어 삭혀 먹는다. 깻잎을 소금물에 담가 여러 날 담가두면 노란색으로 변하면서 연해지는데 이것을 씻어서 물기를 제거한 뒤 밥솥에 쪄서 쌈으로 내면 된다. 이렇게 하면 잎이 얇아져 질감이 부드러워진다. 오이장아찌를 담글 때는 오이를 통째로 넣고 간장물을 부어야 아삭아삭하면서도 무르지 않는다. 오이간장장아찌나 애호박된장장아찌는 입맛 없는 여름철 물 말은 밥에 잘 어울린다.

가을 장아찌

가을 장아찌는 주로 잎사귀가 억세지는 채소를 주재료로 하며, 대개 소금물에 담가 재료를 연하게 만든 뒤 다시 장에 담가 만든다. 된장, 고추장, 간장은 이미 발효된 식품인 만큼 여기에 다시 넣어 삭히면 채소의 결이 연해지고 감칠맛도 더해진다.

특히 콩잎은 새파랄 때는 까칠까칠해서 먹을 수 없지만 수확할 무렵 노랗게 단풍이 든 것을 걷어서 삭히면 감칠맛 나는 장아찌가 된다. 깨끗이 씻어서 물기를 완전히 제거한 뒤 된장이나 젓국을 넣어 삭혀도 좋다.

가을걷이로 거둬들인 풋고추는 꼭지를 떼지 않은 상태 그대로 소금물에 2~3개월 삭혔다가 건져서 깨끗이 씻어 보자기에 싼 뒤 맷돌로 눌러 물기를 빼고 달인 장물을 부어 만든다. 억세고 매운 고추는 삶아서 말렸다가 넣는데, 여기에 무말랭이와 고춧잎을 함께 넣어도 좋다. 무짠지 남은 것이 있으면 햇볕에 널어 꾸덕꾸덕하게 말려 수분을 제거한 뒤 장물을 붓는다. 풋고추장아찌는 껍질이 두꺼워도 삭으면 아삭아삭해진다.

고춧잎장아찌는 서리가 내리기 전에 고춧잎을 줄거리 없이 따서 깨끗이 씻은 뒤 데쳐서 물에 담가 우려낸 것을 꼭 짜서 물기 없이 꾸덕꾸덕하게 말려 이용한다. 여기에 간장, 파, 마늘, 생강, 다시마를 한데 넣어 끓여서 식혀 붓는다.

무말랭이장아찌는 무를 손가락 두께로 굵게 썰어 바싹 말린 것을 물에 씻어서 건져 간장을 붓고 양념을 넣는다. 여러 달 두었다가 꺼내어 갖은 양념을 해 먹으면 별미다. 김장을 담글 무렵 무와 배추속대, 고춧잎 말린 것을 한데 섞어 담그기도 한다.

겨울 장아찌

겨울에는 주로 외장아찌를 담가 먹는다. 작은 오이나 꽃 맺은 오이를 통째 소금에 잠깐 절였다가 보에 싸서 무거운 돌로 하루 정도 눌러 두면 쪼글쪼글해지는데 여기에 진장, 파, 마늘, 생강, 다시마를 한데 넣어 끓여서 식혀 부었다가 먹으면 된다. 된장이나 고추장에 박아 두었다가 먹는 감장아찌는 담백한 맛이 일품이다. 곶감으로 고추장장아찌를 담아도 별미다. 한 가지 장아찌만 담지 말고 베주머니를 여러 개 준비하여 다양하게 담가 먹으면 갖가지 맛을 즐길 수 있다.

익힌 장아찌 '숙장과'

채소를 절인 뒤 양념하여 볶거나 조린 것을 숙장과(熟醬瓜)라고 한다. 갑자기 만들었다고 해서 '갑장과'라고도 한다. 오이갑장과는 오이 씨를 빼고 막대 모양으로 썰어 소금에 절인 것을 채 썬 쇠고기, 표고버섯과 함께 볶아 식혀 깨소금과 참기름에 무친다. 푸른 오이 색이 고운 데다 아작아작 씹히는 맛이 좋은 별미로 오이숙장과라고도 한다. 작은 오이를 통째로 절여서 사용하거나 오이소박이처럼 칼집을 내어 절인 것에 양념한 고기를 볶아서 소로 채워 볶다가 간장을 부어 조린 숙장과는 오이통숙장과라고 한다. 무갑장과는 무를 막대 모양으로 썰어 간장에 절여서 쇠고기와 함께 볶아 만든 갑장과로 무숙장과라고도 한다. 무가 맛있는 가을철에 담그는 것이 좋다.

머위숙장과는 머위를 익힌 장아찌로 줄기의 껍질을 벗기고 잘라서 삶은 뒤 꿀이나 설탕을 넣고 까맣게 조려 만든다. 이때 씨를 뺀 통고추를 넣으면 맛이 더욱 좋아진다. 궁중에서는 간장이나 된장, 고추장에 담그는 장아찌는 없고

게장이나 마늘장과 등은 담가 쓴다.

장아찌의 저장과 보관

모든 장아찌는 시간이 지나면 상하므로 양념을 끓여서 식혀 부어야 한다. 처음 담그고 나서 2~3일 뒤에 다시 한번 끓여 식혀서 붓고, 일주일, 보름, 한 달, 3개월 단위로 끓여 부어야 장아찌가 상하지 않아 오래 저장해 두고 먹을 수 있다. 또 장아찌는 오래 삭힐수록 맛이 좋아지는데, 적어도 6개월에 한 번은 장아찌 재료와 된장, 고추장을 다시 조리해야만 맛이 변하지 않고 오래 간다. 된장은 새 된장과 섞고, 고추장은 흑설탕과 물엿을 첨가해 주걱으로 저으면서 끓여 수분을 증발시킨다. 간장에 담근 장아찌는 맛이 들었어도 두 달에 한 번쯤 장물을 따라 끓여 식힌 뒤 다시 붓기를 두세 번 정도 해야 오래 두어도 맛이 변하지 않는다. 채소에서 수분이 나와 장이 묽어지고 신맛이 들기 때문이다. 장아찌에 한번 이용되었던 장은 찌개나 국에는 넣지 말고 볶음이나 조림을 할 때 쓰는 것이 좋다.

 # 장아찌 분류

지역에 따른 분류

우리나라는 지세와 지형, 기후, 해류와 해안의 상황이 다양한 까닭에 춘하추동의 절기 변화 시기도 조금씩 차이가 난다. 전라도 담양의 죽순이나 영광 지방의 굴비, 순천의 고들빼기(씀바귀)와 같은 지역을 대표하는 특산물이 있

표 1-4 지역별 장아찌 재료

지방	장아찌의 주요 재료
황해도	분지, 무말랭이, 쪽파, 풋고추, 오이, 호박, 김, 무
평안도	두부장, 무, 오이, 무말랭이, 싸장, 줄기장이
함경도	마늘
강원도	도라지, 더덕, 고사리, 무, 오이
경기도	무, 깻잎, 언무, 배추꼬랭이, 배추시래기, 무채, 속대, 두부
충청도	곶감, 생감, 참외, 더덕, 무, 오이, 가지, 고추, 두부, 전복, 승검초대, 마늘종
전라도	죽순, 굴비, 양하, 두부장, 도토리, 우무, 더덕, 도라지, 마늘종, 씀바귀, 고춧잎, 고추, 가지, 무, 콩잎, 곶감
경상도	콩잎, 마른오징어, 당귀, 전복, 개암, 무
제주도	후춧잎, 무

는 것도 이러한 까닭이다. 이처럼 그 지역 특유의 풍토 조건에 어울리는 향토 음식과 지역별 특미 장아찌가 다양하게 발달했다.

장류에 따른 분류

장아찌를 만드는 가장 일반적인 방법은 된장이나 고추장에 박아서 삭히는 것이다. 이때 채소는 물기가 없을 정도로 꾸덕꾸덕하게 말려서 쓴다. 이것은 고추장이나 된장에 물기가 생겨 맛이 변하는 것을 막기 위함이다. 꺼내어 먹을 때는 고추장을 훑어내고 설탕, 참기름, 깨를 넣어 조물조물 무친다. 무쳐 놓으면 맛이 없으므로 먹을 만큼만 꺼내어 바로 무쳐서 상에 내는 것이 좋다.

어떤 장에 넣느냐에 따라 간장장아찌, 고추장장아찌, 된장장아찌로 나눠진다.

간장・된장・고추장 장아찌

무, 풋고추, 고춧잎, 깻잎, 동치미무 등은 어느 지역에서나 담가 먹는 대중적인 장아찌 재료다. 색다른 장아찌로는 평안도 지역의 두부장아찌가 있다. 두부의 물기를 제거한 뒤 베주머니에 넣고 고추장에 박으면 삭아서 치즈처럼 특별한 맛이 나는데, 이것을 상추쌈에 싸 먹으면 별미다.

감장아찌는 충청도나 전라도, 경상북도 등 땡감이 많이 나는 고장에서 떫은 풋감을 고추장에 박아 만든다. 강원도에는 한약재로 쓰는 당귀의 연한 줄기로 담근 당귀고추장장아찌가 있다. 서울의 대갓집에서는 전복장아찌를 만들어 먹는다. 명태나 굴비를 잘 손질하여 고추장에 박았다가 먹는 굴비장아찌와 북어장아찌도 있다. 양파로 유명한 무안에서는 양파를 간장이나 식초에 담가 먹는다. 고춧잎이나 무말랭이는 한 가지 재료로만 담기도 하고 두 가지 재료를 섞어서 담기도 한다. 또 한 가지 장만 이용해 담그기도 하지만 재료를 간장에 담가 맛을 낸 뒤 된장이나 고추장에 박기도 한다.

표 1-5 간장 장아찌

장아찌 종류	지역	특징
무말랭이장아찌	각 지방 평안도	무를 굵게 썰어 말려서 말린 고춧잎과 함께 양념장을 부어 저장했다가 먹을 때 양념에 무쳐 먹는다.
싸장	평안도	기장쌀로 밥을 지어 된장에 박아서 삭힌 것으로, 끈끈하고 독특한 맛이 나는 평안도 향토 음식이다.
도토리묵장아찌	강원도	도토리묵을 물기 없이 크게 썰어 양념 간장을 부어 저장한다.
도라지장아찌	강원도	도라지를 진간장에 절였다가 양념 간장에 졸인 숙장과
고사리장아찌	강원도	고사리를 살짝 데쳐 꾸덕꾸덕하게 말려 양념 간장에 저장한다.
곰취장아찌	강원도	곰취를 살짝 데쳐 꾸덕꾸덕하게 말려 양념 간장에 저장한다.
두릅장아찌	강원도	두릅을 살짝 데쳐 꾸덕꾸덕하게 말려 양념 간장에 저장한다.
동아장아찌	전라북도	동아 씨를 빼고 썰어서 소금에 간한 것을 물기 없이 말려 된장에 박아 만든다.
노란콩잎·팥잎장아찌	경상도	노란 콩잎이나 팥잎을 소금물에 삭혀 양념 간장에 저장한다.
마른오징어장아찌	경상도	껍질 벗긴 오징어를 구워서 방망이로 두드려 잘게 찢은 것을 고추장에 무쳐 헝겊 주머니에 넣어 봉한 뒤 항아리에 박아 만든다.
무청장아찌	경기도	데친 무청과 고춧잎을 시들하게 말려 양념 간장에 저장하거나 헝겊 주머니에 넣어 된장 항아리에 박아 만든다.
미역귀장아찌	바닷가 해안 지방	젖은 행주로 미역귀를 닦아 물기를 제거한 뒤 된장 속에 넣는다. 간이 배면 새로 담근 고추장에 버무려 다시 된장에 넣는다. 먹을 때는 다져서 양념하여 잠깐 조린다.
깻잎장아찌	각 지방	깻잎을 소금물에 삭히면 노랗게 변한다. 이것을 조금씩 꺼내어 양념해 먹거나 양념 간장을 넣어 삭혀 만든다.
무장아찌	각 지방	가을에 난 작은 무를 물기 없이 약간 시들시들하게 말려 달인 양념 간장에 박아 두었다가 꺼내어 양념해 먹는다.
풋고추장아찌	각 지방	고추에 바늘로 10개 정도의 구멍을 내서 양념 간장에 저장한다.
마늘장아찌	각 지방	육쪽 통마늘을 골라 식초에 넣어 맛이 들게 한 뒤 진간장, 설탕, 소금물을 넣어 저장한다. 서너 번 정도 물을 따라 끓여서 식혀 부어야 오래 두고 먹을 수 있다.
마늘종장아찌	각 지방	마늘잎과 마늘종을 양념한 초간장에 넣어 저장한다.
오이장아찌	각 지방	오이를 통째로 절여 무거운 것으로 눌러 물기를 뺀 뒤 풋고추와 마늘, 진간장으로 양념하여 삭힌다.
가지장아찌	각 지방	가지를 소금물에 절여 물기를 짠 뒤 달인 양념 간장을 넣어 삭힌다.
고춧잎장아찌	각 지방	고춧잎을 데쳐 말린 것을 양념 간장에 저장한다.
김장아찌	바닷가 해안 지방	김을 손질하여 조미한 양념 간장을 넣고 저장한다.
대추장아찌	이남 지방	씨를 발라낸 뒤 양념 간장에 넣고 저장한다
죽순장아찌	전라남도	연한 죽순을 쌀뜨물에 삶아 물기를 제거한 뒤 양념장을 만들어 붓고 5일 뒤에 다시 끓여 붓기를 3회 반복한다.
양파장아찌	각 지방	작고 단단한 양파를 식촛물에 눌러 놓았다가 매운맛이 우러나면 식촛물을 따라내고 양념 간장을 끓여 붓기를 3회 반복한다.

표 1-6 된장·고추장장아찌

장아찌 종류	지역	특징
호박장아찌	황해도	애호박을 간장에 절였다가 다시 된장이나 고추장에 박아서 맛이 들면 쩌서 무쳐 먹는다.
두부장아찌	평안도	두부의 물기를 제거한 뒤 망에 넣어 고추장 밑에 넣어 삭힌다.
북어장아찌	충청도	북어를 두들겨 껍질을 벗기고 뼈를 발라내어 살만 찢어 고추장에 박아 두고 먹는다.
풋감장아찌	충청도	풋감을 소금물에 절여 건졌다가 말려 진간장에 담갔다가 장물이 배면 다시 건져 된장이나 고추장에 박았다가 한 달 뒤에 꺼내 양념해 먹는다.
참외장아찌	충청도	익지 않은 끝머리 참외를 준비하여 씨를 제거한 뒤 소금에 절였다가 건져 물기를 닦아낸 뒤 햇볕에 꾸덕꾸덕하게 말려 고추장이나 된장에 박아 두었다가 빨갛게 물이 들면 채 썰어 양념해 먹는다.
당귀장아찌	강원도 경상남도	당귀의 연한 줄기를 고추장에 박아 두고 맛이 들면 먹는다.
단풍든콩잎장아찌	경상도	노랗게 단풍든 콩잎만 골라 물을 붓고 보름간 삭혀서 된장이나 고추장에 박아두었다가 삭혀서 먹는다.
도토리묵장아찌	전라북도	도토리묵을 간장이나 고추장에 막아 두었다가 먹는다.
더덕장아찌	각 지방	더덕의 쓴맛을 제거하고 얇게 저며 고추장에 박아 두었다가 먹는다.
북어장아찌	강원도	마른 북어를 두들겨서 살을 결대로 찢어 모시나 베주머니에 담아 고추장에 5~6개월 정도 저장해 두었다가 양념하여 먹는다.
굴비장아찌	전라남도	굴비를 말려 살을 결대로 찢어 모시나 베주머니에 담아 고추장에 5~6개월 정도 저장해 두었다가 양념하여 먹는다.
배추꼬랭이장아찌	각 지방	배추꼬랭이를 소금에 절여 꾸덕꾸덕하게 말려 고추장이나 된장에 박아 두었다가 먹는다.
김장아찌	바닷가 해안 지방	생 김이나 마른 김을 물에 풀어 조리로 건져서 물기를 뺀 뒤 베주머니에 넣어 고추장에 박아 두었다가 먹는다.
우무장아찌	바닷가 해안 지방	우무묵을 양념 간장에 2주 정도 잰 것을 고추장에 1개월 이상 박아 두었다가 양념하여 먹는다.
오이장아찌	각 지방	오이를 통째로 절여서 무거운 것으로 눌러 물기를 뺀 뒤 고추장에 박아 두었다가 먹는다.
가지장아찌	각 지방	소금에 절인 가지를 꾸덕꾸덕하게 말려 된장이나 고추장에 박아 두었다가 먹는다.
무장아찌 동치미무장아찌	각 지방	조미한 간장을 뭉근히 끓여 식혀서 무에 부은 뒤 한 달이 지나면 꺼내어 자루에 넣어 2개월 정도 고추장에 박아 두었다가 먹는다.
마늘종장아찌	각 지방	마늘종을 고추장에 넣어 저장해 두었다가 먹는다.
매실장아찌	각 지방	매실을 소금물에 4~5시간 정도 절였다가 매실의 50%에 해당하는 설탕을 넣고 재워 한 달간 발효시킨다. 이것을 건져서 이틀간 말린 뒤 고추장에 버무려 2개월 이상 저장해 두었다가 먹는다.
수박장아찌	각 지방	수박 껍질의 흰 부분만을 꾸덕꾸덕하게 말려 된장에 1개월 정도 저장했다가 다시 고추장에 박아 두고 먹는다.
무청장아찌	각 지방	무청을 절여 물기를 제거한 뒤 간장에 넣어 맛을 들여 자루망에 넣어 다시 고추장에 넣어 저장해서 만든다.

식초 · 젓갈 · 소금 장아찌

표 1-7 식초 · 젓갈 · 소금 장아찌

구분	장아찌 종류	특징
식초	가지장아찌	늦가을에 딴 작은 가지를 준비하여 꼭지를 따고 깨끗이 닦는다. 식초와 물을 1:1 비율로 섞어 달인다. 가지를 데쳐 꾸덕꾸덕하게 말려 마늘과 소금을 식초 달인 물에 넣고 가지를 담아 저장한다.
	오이장아찌	오이를 반으로 갈라 씨를 빼고 햇볕에 말려 식초, 채 썬 생강, 설탕을 넣고 오이를 넣어 무거운 것으로 눌러 놓았다가 열흘 정도 뒤에 먹는다.
	양파장아찌	작고 단단한 양파를 식촛물에 담가 매운맛을 우려낸 뒤 다시 식초와 설탕을 타서 담근다.
	통마늘장아찌	소금으로만 간을 하여 하얗게 만들거나 간장을 부어 색을 내는 방법이 있다. 소금으로만 담그려면 마늘을 식촛물에 담가 삭힌 뒤 소금과 설탕을 넣어 맛이 들게 한다.
	마늘종장아찌	하지 이전에 담근다. 연한 마늘종은 식초에 삭혀 약간 말리면 찬으로 이용할 수 있고, 고추장에 박아 두었다가 먹기도 한다.
	마늘잎장아찌	식욕을 잃기 쉬운 여름철에 식욕을 돋우어 준다.
젓갈	깻잎젓갈장아찌	늦가을에 서리를 맞아 잎이 센 깻잎을 씻어 물기를 제거한 뒤 양념장을 만들어 뿌려 항아리에 차곡차곡 담아 눌러 놓는다. 일주일 뒤 간장만 따라서 끓여 식힌 뒤 다시 붓는다.
	고들빼기장아찌	어린 고들빼기나 씀바귀를 물에 담가 일주일 정도 두어 쓴맛을 뺀 뒤 젓갈을 부어 삭히면 된다. 전라도 지방에서 담가 먹는다.
	콩잎장아찌	노랗게 단풍이 든 콩잎만 골라 물을 붓고 보름간 삭혀서 멸치젓국을 달인 양념젓국을 만들어 넉넉히 붓고 삭혀서 먹는다.
	풋고추젓지	풋고추를 멸치젓국에 절여 만든다.
	무멸치젓장아찌	무를 썰어 꾸덕꾸덕하게 말려 멸치젓국을 부어 익혀 먹는다.
소금	오이지	오이를 켜켜이 담은 뒤 소금물을 부어 익혀 먹는다.
	오이장아찌 ①	오이의 배를 갈라 씨와 속을 제거한 뒤 소금에 2~3일간 절여 말린 것을 다시 장에 넣어 열흘 정도 절인다.
	오이장아찌 ②	오이에 소금물을 부어 하룻밤 정도 절였다가 햇볕에 말린 뒤 소금물을 끓여 식혀 붓기를 2~3회 반복한 뒤 돌로 눌러 익힌다.
	골곰짠지	무를 골패 모양으로 썰어 소금에 절였다가 물기를 빼고 말린 무말랭이에 고춧가루와 기름, 파, 마늘로 양념하여 저장한다.

간장이나 고추장, 된장만큼 저장성이 좋은 것이 식초다. 주로 양파나 통마늘, 마늘종, 마늘잎처럼 향이 강하거나 매운 식품이 초장아찌의 재료가 된다. 작고 단단한 양파를 식촛물에 담가 매운맛이 우러나면 다시 식초와 설탕을 타서 담근다. 마늘은 소금으로만 간을 하기도 하고 간장을 부어 간장장아찌를 만들기도 한다. 소금으로만 담그려면 마늘은 식촛물에 담가 삭힌 뒤 소금과 설탕을 넣어 맛이 들게 하면 된다.

해안가에서는 젓갈을 많이 이용하는데, 비린내가 나긴 하지만 감칠맛이 더해져 간장장아찌와는 또다른 맛이 난다.

장아찌 맛있게 담그는 방법

　장아찌를 담그기 전에는 재료를 충분히 씻어야 보관할 때 유해균이 번식하는 것을 막을 수 있다. 또 장아찌를 담글 재료는 일단 절이거나 말려서 수분 함량을 줄이는 것이 중요하다. 수분이 없어야 곰팡이가 피어 맛이 변질되는 것을 막을 수 있기 때문이다. 그런 만큼 장아찌 만들기는 재료를 손질하여 물기를 거두는 것에서 시작된다. 재료에 따라 수분 함량이 적은 것은 담기 전에 전처리를 하지 않고 그대로 장이나 초에 절이기도 한다. 맛이 밴 뒤에 꺼내 양념하여 저장 식품으로 이용하면 된다.

　간장장아찌를 담그려면 간장에 식초, 설탕, 생강, 마늘, 마른 고추, 물엿 등을 넣고 일단 끓여서 식혀 부어야 맛있다. 재료를 용기에 차곡차곡 담은 뒤 무거운 것으로 누르고 달인 조림장을 부어 공기 중에 내용물이 노출되지 않도록 해야 한다. 장물에 담기지 않은 부분에는 하얀 곰팡이가 끼는데, 이렇게 되면 장아찌의 맛이 떨어진다.

　장아찌는 생채소를 장에 그대로 절이기 때문에 가열로 인해 비타민이 손실되는 것을 막을 수 있다. 더구나 생으로 먹을 때보다 장아찌로 담가 먹으면 비타민B 함량이 증가하기도 한다. 문제는 장에 담가 숙성하여 먹는 만큼 맛이 짜다는 것이다. 그러므로 먹을 만큼만 꺼내어 삼삼하게 양념해 먹는 것이 좋다. 특히 간장이나 젓국으로만 담글 경우 지나치게 염도가 높아지는데, 다시마 육수를 내어 섞으면 맛도 좋아지고 영양도 보충되면서 짠맛도 조절할 수 있다.

- 장아찌의 기본 양념은 소금, 간장, 된장, 고추장으로 한다.
- 장아찌의 재료는 뿌리채소, 줄기채소, 잎채소, 열매 등으로 다양하다.
- 장아찌의 기본은 재료의 물기를 제거하는 일이다. 소금에 절여서 건져 꾸덕꾸덕하게 말려 담가야 변질되지 않는다.
- 달임장(장물)은 간장과 식초, 설탕을 팔팔 끓여 만든다. 세 가지 모두 미생물이 번식하는 것을 막아 주는 효과가 있어서 저장 장아찌를 담그기에 좋다.
- 채소를 데칠 때는 끓는물에 소금을 조금 넣고 데쳐서 바로 찬물에 헹군다.
- 달임장에 넣어 맛이 들면 물기를 제거하고 고추장이나 된장 밑에 넣어 숙성시키면 또 다른 맛의 장아찌를 맛볼 수 있다(무간장·고추장·된장장아찌, 오이간장·고추장·된장장아찌).
- 고추장이나 된장 장아찌는 위에 고추장이나 된장을 넉넉히 덮어 준다. 고추장이나 된장 장아찌는 맛이 배는 데 시간이 걸린다.
- 장물은 서너 번 끓여 부어야 변질되지 않는다. 다시 끓일 때는 물을 좀 더 첨가한다.
- 설탕 대신 꿀이나 매실청을 넣으면 감칠맛이 더해진다.
- 채소를 먹기 좋은 크기로 썰어 담그면 단시간에 맛이 들지만 색깔이 검어지고 짤 염려가 있으므로 조금 싱겁게 담가야 한다.
- 잎이 질기거나 쓴맛이 강한 것은 소금물에 담가 삭힌 뒤에 담근다.
- 묵나물을 이용하면 제철이 아니어도 쉽게 장아찌를 담글 수 있다.
- 채소는 물기 없이 꾸덕꾸덕하게 말려서 담가야 변질되지 않는다.
- 잎이 질긴 장아찌는 먹기 전에 양념을 하여 밥 위에 찌거나 중탕을 하면 짠맛이 줄어들고 부드러워져 먹기 좋다(취잎, 뽕잎, 콩잎 등).
- 오이를 제외한 채소는 달임장이나 소금물을 부을 때 뜨거울 때 부으면 재료가 익어서 물컹해지므로 반드시 식혀서 부어야 한다.
- 메밀묵이나 청포묵은 말려서 써야 오돌오돌 씹히는 맛이 살아난다.

- 고추는 통째로 담그면 먹을 때 물이 튀고 장이 속까지 배지 않으므로 이쑤시개나 바늘로 서너 군데 정도 찌른 뒤에 담근다.
- 내용물이 달임장 밖으로 나와 공기와 접촉하면 하얀 곰팡이가 껴서 장이 급격히 변질된다. 장아찌 위에 무거운 것을 올려놓아 재료가 국물에 잠기게 한다.
- 용기는 폭이 넓은 것보다 깊이가 깊은 병을 이용해야 달임장이 적게 든다.
- 피클을 담을 용기는 반드시 끓는물에 소독한 뒤에 이용하고, 뚜껑은 찜통에 병을 안친 뒤 뚜껑을 병 위에 올려놓은 상태로 5분 정도 두었다가 이용한다.

장아찌 맛있게 무치는 법
- 양념은 가능하면 자제한다. 깔끔한 맛을 내기 위해서는 양념을 적게 쓰고 재료의 맛을 살린다.
- 무칠 때는 양념을 미리 섞어 놓았다가 버무린다.
- 한 끼 먹을 만큼만 덜어서 양념한다. 많이 꺼내 놓으면 색깔이 검게 변하고, 부쳐 놓으면 맛이 떨어진다.
- 더덕·두릅·쑥·엄나무·취·마늘·양파·매실의 독특한 향미를 즐기려면 참기름을 넣지 않고 통깨만 뿌려서 그대로 먹는다.

장아찌의 기본 양념
- 간장 장아찌(오이·무·고추·깻잎 등)는 간장과 식초, 설탕의 비율이 적당해야 맛있는 장아찌가 된다. 간장 : 식초 : 물 : 설탕 의 비율은 2 : 1 : 1 : 1이다. 맛이 배면 냉장고에 보관해 두고 조금씩 덜어 먹는다.
- 재료의 향이 강한 채소는 간장 : 식초 : 물 : 설탕의 비율을 2 : 2 : 2 : 1로 한다.
- 맛이 담백한 채소는 간장 : 물 : 설탕 비율을 1 : 2 : 1로 한다.
- 현미 식초는 산도가 낮으므로 조금 더 넣고, 2배 식초는 강하므로 1/2, 3

배 식초는 1/3만 넣는다.
- 간장의 색이 지나치게 진하면 소금을 섞는다. 간장의 양을 줄이고 소금을 간장 양의 20~25% 정도 넣는다.
- 장아찌는 기후에 따라 간을 잘 조절해야 하는데 기온이 높을수록 소금이나 간장 양을 늘리면 된다.

※ 이 책에 실린 장아찌들은 짜지 않으므로 항상 냉장 보관해야 한다.

장아찌의 필수 장류

소금

깊고 오묘한 자연의 맛, 소금

소금은 인류가 이용해 온 역사가 가장 오래된 조미료이자 보존료다. 음식의 간을 맞춰 줄 뿐만 아니라 영양적으로도 다른 물질로 대체할 수 없는 것이 바로 소금이다.

우리 몸에 흡수된 소금은 나트륨(Na)과 염소(Cl)가 되어 혈액이나 소화액, 조직액에 들어가 삼투압과 산도를 조절하며, 신경과 근육 접합부의 흥분성을 조절하는 등 여러 가지 작용을 한다. 특히 소금을 적당히 활용하면 음식 맛을 돋울 뿐만 아니라 저장성을 높일 수 있다. 잡종류의 미생물의 침입과 번식을 억제해 부패를 막고, 유효 미생물을 선택적으로 번식시키는 것도 소금의 중요한 역할이다. 인류의 식문화와 생활에서 오랫동안 중요한 역할을 해 온 것도 이 때문이다.

채소류의 소금 절임과 관련된 여러 가지 작용 중 가장 중요한 것은 삼투압 작용이다. 세포는 두꺼운 세포벽으로 싸여 있고, 세포벽의 구성 성분은 주로 탄수화물 고분자 물질로 이루어져 있어서 매우 견고하다. 그런데 소금 절임을 하게 되면 세포 조직이 손상되고 세포벽이 부분적으로 파괴되어 내부 세포액이 자체의 영양 성분과 함께 빠져나오고 소금 용액이 내부로 침투한다.

채소류의 세포는 세포액으로 가득 차 있는데 이 세포액의 농도보다 높은 농도의 소금 용액에 채소를 담그면 세포액 내의 수분이 용액으로 빠져 나오는 탈수 현상이 일어난다. 탈수 현상이 더욱 진행되면 원형질이 분리되고, 세포 내 각 기관과 세포벽이 손상을 입어 원형질이 분리되어 수축된다. 이 과정에 의해 원형질을 분리시켜 조직이 발효될 수 있도록 함과 동시에 소금이 채소 내부에 침투되게 하여 각종 호기성 미생물의 생육을 막고 젖산균의 생육을 촉진하게 된다.

소금의 종류와 성분

소금은 크게 바닷물에 들어 있는 약 3%의 염분을 증발 농축시켜 만든 천일염과 유럽 등 특수 지역에 매장되어 있는 암염으로 나뉜다. 최근에는 바닷물을 직접 증발 농축시키는 이온 교환막 제염법을 이용한 정제염의 생산량이 증가하고 있다. 정제염은 화학 작용을 이용해 바닷물에서 염화나트륨만 분리하여 생산한 소금으로, 우리가 일상에서 먹는 대부분의 소금이 여기에 속한다. 정제염은 99.9% 이상이 염화나트륨으로 구성된 인공 화학염이기 때문에 몸에 좋지는 않다. 반대로 천일염은 정제되지 않은 미네랄 성분이 살아 있는 자연 소금이다. 바닷물을 가둬 햇빛에 증발시키는 방법을 통해 생산하기 때문에 공정이 매우 까다롭다. 80%의 염화나트륨을 비롯해 칼슘, 칼륨, 마그네슘 등의 필수 미네랄이 20%나 함유되어 있다. 그리고 소금은 쓰임과 크기에 따라 굵은 소금, 가는 소금, 식탁염으로 나눌 수 있으며, 각각의 특징은 다음과 같다.

굵은 소금 호염 또는 천일염이라고 하며, 우윳빛을 띠고 입자가 고른 것이 좋다. 손에 쥐었다가 놓았을 때 손에 묻지 않고 바슬바슬하고 맑은 것, 쥐고 비볐을 때 잘 부서지는 것이 잘 녹는다. 배추나 무, 채소를 절일 때 사용하며, 간수가 빠진 상태에서 이용해야 쓴맛이 배지 않는다. 굵은 소금 안에 남아 있는 칼슘과 마그네슘 등의 무기질이 채소를 절일 때 조직을 단단하게 해 주어 채소가 익어도 무르지 않는다.

가는 소금 굵은 소금을 정제하여 불순물을 제거한 것으로 꽃소금이라고도 부른다. 음식의 간을 맞추는 데 주로 사용한다.

식탁염 가는 소금을 더욱 정제한 곱고 깨끗한 소금으로 간을 조절할 때 이용한다.

식초

자연이 준 기적의 물, 식초

식초는 술과 함께 인류의 식생활 역사에서 가장 오랜 역사를 지닌 발효 식품으로, 오래 전부터 '백약(百藥)의 장(長)'이라 불리며 조미료로서 뿐만 아니라 건강용으로 다양하게 이용되어 왔다. 고대에는 식초를 '쓴 술'이라 하여 술의 한 종류로 보았다. 영어로 식초를 뜻하는 비네거(vigenar)는 프랑스어 비네그레(vinaigre)에서 온 것으로, vin(와인)과 aigre(시다)의 합성어다. 어원을 통해서도 알 수 있듯이 식초는 술의 일종이고 또 술을 숙성한 것이라고 여겨졌다. 이처럼 식초는 술의 사촌쯤 되는데, 오래 놔둔 술이 발효되면서 시큼한 맛을 냈고 이를 조미료로 쓴 것이 식초가 된 것이다.

식초의 종류와 쓰임

세계 각지에 수많은 종류의 술이 있듯이 식초의 종류도 매우 다양하다. 식초는 제조 방법에 따라 크게 양조 식초와 합성 식초로 나뉜다. 양조 식초란 쌀이나 술지게미, 과일 등을 종초(種醋 : 발효가 끝난 상태의 초)에 의해 변성된 알코올을 원료로 아세트산 발효를 시킨 것이다. 감칠맛을 내 주는 각종 유기산과 아미노산을 함유하고 있다. 이에 비해 석유에서 추출한 빙초산 또는 초산(식초를 만들어 내는 균)을 희석하여 유기산 등을 인공적으로 첨가해 만드는 합성 식초는 산미 역할만 한다.

천연 양조 식초는 100% 과즙에 전분질을 사용하고 첨가물을 넣지 않은 식초다. 천연 현미 식초는 현미로 지은 고두밥에 누룩과 물을 넣어 식초가 되기까지의 과정을 자연 상태에서 거친 것을 말한다. 8종의 필수아미노산이 균형 있게 함유되어 있어 건강에 좋다. 식초는 원료에 따라 맛과 풍미가 다르고 효능에도 차이가 나는데, 요리에 맞는 식초의 궁합은 주로 향에 따라 결정된다.

과실 식초 양조 식초에 사과와 레몬, 석류 등의 과즙을 넣어 만든 식초로 무침이나 절임, 냉국, 초고추장, 피클 등에 이용한다. 사과초는 칼륨이 염분을 배출시켜 고혈압이나 심장 질환을 예방하는 효과가 있다. 감식초는 포도당과 비타민 함량이 풍부해 다이어트와 피로 회복에 효과적이다. 요리의 재료보다는 건강 기능성 식품으로 많이 사용된다.

곡물 식초 양조 식초, 현미 식초, 감자 식초 등이 있다. 양조 식초는 쌀과 소맥, 술지게미, 옥수수 가루를 원료로 맥아 액기스(0.4%)와 겉보리를 넣어 만든다. 현미 식초는 98%의 현미를 사용해 만든 현미당화 농축액으로 만든다. 8종의 필수 아미노산이 풍부하게 함유되어 있어 혈액 순환에 좋다. 곡물 식초는 모든 음식에 소스로 이용되며, 꿀이나 생수에 타서 마셔도 좋다. 무침 요리에 잘 어울리고, 건강 식품으로도 각광받고 있다.

발사믹 식초 레드 와인에 포도 주스와 와인 식초를 넣고 다시 한번 숙성 발효시켜 만든 식초로, 부드럽고 달콤한 맛이 난다. '조미료계의 캐비어'라고 불리며, 산도는 6%로 드레싱이나 육류와 생선 요리 등에 이용된다.

화이트 와인 식초 화이트 와인을 발효시켜 만든 식초로 산도는 6~7% 정도다. 라스베리 향을 첨가하여 풍미를 돋우는 식초도 나와 있다.

레드 와인 식초 레드 와인을 발효시켜 만든 식초로 레드 와인이 99.9% 이상 들어간다. 샐러드용 드레싱을 만들 때 많이 이용된다. 다양한 유기산과 무기질이 변비에 효과를 발휘하고, 폴리페놀 성분이 동맥경화를 예방한다.

2배·3배 식초 무침이나 물기가 많지 않아야 하는 요리에 많이 쓰인다. 최근에는 심근경색 및 뇌중풍 예방에 좋은 유자 식초를 비롯해 솔잎 식초, 마늘 식초 등도 나와 있다.

식초의 기능과 효능

신맛은 수많은 민족의 기본적인 미각으로, 초산과 구연산, 사과산 등의 유기산류 등이 들어 있는데 이들 성분은 당류의 에너지 대사의 중간 물질이다. 식품에 따라 발효 또는 부패에 의해 생성되는 유기산은 에너지대사를 원활하게 하고 에너지원으로 작용한다. 식초의 주요 기능과 효능은 다음과 같다.

피로 회복 식초는 신맛 때문에 산성 식품이라고 생각하기 쉽지만 인체에 흡수되면 알칼리 원소의 작용에 의해 알칼리성 식품 역할을 한다. 근육 운동을 한 뒤 목욕물에 식초를 적당량 첨가하면 근육이 풀리고 피부와 머리카락에 윤기가 흐르며 피로가 빨리 해소된다. 또한 식초는 다른 열량 영양소를 빨리 에너지화해 주기 때문에 에너지 소비가 많은 사람이 식초를 첨가한 음식을 먹으면 체력이 증강된다.

천연 살균제·방부제·해독제 식초는 세균의 번식을 억제하여 식품이 부패하는 것을 막아 신선도를 향상시킨다. 식중독 예방과 함께 몸속에 침입한 병균(식중독균이나 장티푸스균)을 물리치는 힘도 가지고 있다. 특히 감식초는 초산과 탄닌의 작용 덕분에 다른 식초에 비해 항균성이 뛰어나다. 살균 작용을 발휘해 장내 환경을 개선해 주기 때문에 변비나 치질 등에도 효과를 볼 수 있다.

식욕 증진 및 소화에 도움 식초를 첨가한 음식의 신맛은 소화액의 분비를 촉진하여 소화를 촉진한다.

방사능 물질 제거 물에 식초를 타서 채소를 씻으면 방사능 물질을 효과적으로 제거할 수 있으며, 환경 오염 물질로부터 보호할 수 있다.

피부 세포의 재생 촉진 식초는 피부 세포의 재생을 촉진하는 효과가 있다. 불에 데이거나 뜨거운 물에 화상을 입었을 때 식초를 탄 냉수에 상처를 씻어내면 통증이 사라지고 물집이나 흉터가 생기지 않는다.

동맥경화와 고혈압 예방 소금은 적게 섭취하고 식초를 많이 취하면, 즉 소염다초(小鹽多醋)하면 생활습관병을 예방할 수 있다. 특히 식초는 소변을 통해 나트륨의 배설을 촉진하여 동맥경화와 고혈압을 예방한다.

콜레스테롤 수치 저하 및 지방 감소 초산의 항균성과 식초에 함유된 식이섬유가 정장 작용을 하여 변비를 치료하고 콜레스테롤 수치를 낮추어 지방 대사와 관련된 질병을 막아 준다.

비타민 보호 비타민B군과 비타민C는 알칼리성에 약한데 식초를 첨가하면 비타민이 손실되는 것을 줄일 수 있다.

무좀 및 발 냄새 제거 항균 및 탈취 효과가 있어 따뜻한 물에 식초와 소금을 타서 발을 씻으면 효과를 볼 수 있다. 음식을 만든 뒤 도마나 칼에 배인 냄새를 제거하는 데도 효과가 있다.

간장

은근한 기다림의 맛, 간장

장류는 구수한 맛, 감칠맛, 깊은 맛을 바탕으로 우리나라 음식 맛의 바탕을 지켜 왔다. 그런 까닭에 우리 조상들은 여러 가지 장류를 갖추어 음식의 간을 맞추고 맛을 내는 재료로 이용했다. 특히 우리나라 장의 기본은 콩과 소금으로, 이 두 가지가 구비되어야만 담글 수 있다. 콩은 유적의 출토품으로 미루어 청동기 시대에 이미 재배되고 있었음을 알 수 있지만 소금을 처음으로 제조한 시기는 정확히 알 수 없다. 그러나 《위지동이전》〈고구려조〉에서 "쌀과 함께 어물과 소금을 멀리서 날라다 공급했다."는 기술로 보아 연맹왕국 당시에 이미 소금을 제조하였음을 알 수 있다.

간장은 음식 맛을 뒷받침해 왔다는 점 외에 몸을 살찌게 한다는 점에서도 중요한 발효 식품이다. 특히 농경 중심 사회에서 육류를 대신해 주는 중요한 단백질 공급원 역할을 해 왔다. 일찍이 허준은 《동의보감》에서 장류의 원천이 되는 콩에 대해 말하기를 "위와 장을 덥게 하고, 오래 먹으면 체중이 늘어난다."고 했다. 조선 중엽의 실학자 이익(李瀷, 1681~1763)도 《성호사설(星湖僿說)》에서 "곡식이란 사람을 살리는 것으로 그중 콩의 힘이 가장 크다."고 하였다. 실학자 류중림(柳重臨, ?~?)은 《증보산림경제(增補山林經濟)》에서 장의 가치에 대해 이렇게 언급했다. "장은 백미의 으뜸이니 장맛이 좋지 않으면 좋은 고기가 있다 할지라도 맛있는 반찬을 마련하기 어렵고, 특히 가난한 자는 고기를 얻기 어렵더라도 아름다운 장이 있으면 밥반찬에 염려가 없으니 가장 된 자는 반드시 먼저 장 담그기를 유념해야 할 것이며, 해를 묵혀 가며 장을 먹을 수 있도록 마련하는 것이 마땅한 도리이니라."

이처럼 장은 오래 전부터 음식의 기본이었다.

간장 제조법과 종류

간장을 만들 때는 독을 준비하고, 소금과 물을 고르고, 메주를 만들고, 장을 담그고, 장을 뜨는 6가지 과정을 거쳐야 한다. 우리나라의 재래 간장은 메주를 가지고 간장과 된장을 함께 만든다. 메주 만드는 방법은 다음과 같다.

먼저 가을에 수확한 메주콩을 물에 불려서 충분히 삶아 절구에 넣어 찧은 뒤 한 되들이의 사각 나무 상자에 넣어 모양을 만들거나 손으로 덩어리를 만든다. 이것을 며칠 간 방바닥에 놓아두면 꾸덕꾸덕해지는데, 이것을 볏짚으로 묶어 겨울 내내 따뜻한 방에 매달아 두면 된다. 서너 달이 지나 봄이 되면 큰 것은 반으로 가르고 작은 것은 볏짚을 풀고 포개어 그 위를 덮은 뒤 방 안에 재워서 더 띄운다. 그런 다음 이것을 꺼내어 햇볕에 말리면 된다. 메주가 따뜻한 곳에 있는 동안 볏짚이나 공기 중의 여러 가지 미생물이 자연적으로 들어가 발육이 되는 것이다. 이 미생물이 단백질 분해 효소와 전분 분해 효소를 분비하고, 그것이 간장의 고유한 맛과 향기를 내 준다.

이렇게 만들어진 메주는 소금물에 담근다. 담그는 시기와 지역에 따라 기온이 다르기 때문에 소금의 농도와 발효 기간도 달라진다. 적당한 크기로 쪼갠 메주 덩어리를 항아리에 반 정도 채우고 미리 만들어 놓은 소금물을 가득 채우면 된다.

장의 염도는 항아리에 달걀이 동동 뜨는 정도가 가장 적당하다. 서울은 17보메(Be), 부산은 21.5보메, 김천은 20보메로 지역의 기후에 따라 다르다. 이렇게 장을 담근 지 40일 정도 지나 발효가 끝나면 메주 덩어리를 걸러 액체는 간장으로 만들고 덩어리는 으깨어 소금을 더 넣어 다른 항아리에 재우는데, 이것이 바로 된장이다.

간장의 분류

간장은 담근 햇수에 따라 진간장, 중간장, 묵은 간장 등으로 나눌 수 있다. 원료에 따라서 콩과 전분질을 원료로 혼합 사용하며, 발효균도 곰팡이(aspergillus oryzae)를 사용하는 일본 간장과 양조 간장이 있다. 콩만을 원료로 바실루스균(bacillus subtilis)에 의존해 발효시키는 조선 간장, 생선 자체의 효소 분해로 숙성되는 동남아 지역의 어간장도 있다. 중국이나 일본의 장맛은 전분질이 다량 함유되어 있기 때문에 단맛과 감칠맛이 많이 난다. 우리나라에서는 오직 대두(大豆)만을 쓰는데, 3~5년 정도 묵은 것이 가장 맛있다.

제조법에 의한 분류로는 순콩으로 만든 재래 간장, 콩밀로 제조하여 된장이 나오지 않는 개량 된장, 화학 간장인 아미노산 간장이 있다. 우리나라 고유의 전통 간장은 크게 두 가지로 분류할 수 있다. 먼저 국간장은 색깔이 진하지 않고 감칠맛이 나며 단맛이 적은 것이 특징으로, 미역국이나 콩나물국, 나물 무침에 주로 이용한다. 진간장은 국간장보다 묵은 간장으로, 아미노산과 당이 우러나와 갈색의 멜라닌 색소, 캐러멜 색소 등을 생성하여 색깔이 진하다. 장아찌나 생선 조림, 구이 등을 할 때 이용한다.

된장

구수한 한국의 맛, 된장

발효 식품인 된장은 수천 년 동안 우리 민족의 식탁을 지켜온 전통 식품이다. 《조선무쌍신식요리제법》에 서는 "장은 여러 음식에 넣을 간을 치고 맛을 내는 것이므로 음식 중에 제일이요, 때를 놓치지 않고 담가야 하는, 고로 소중히 자별하여야 하는 큰일이다."라고 했을 만큼 장을 중요시했다. 한마디로 장류를 빼고는 한국인의 식생활을 이야기할 수 없다.

된장은 '덩어리지고 되직하다' 하여 붙여진 이름이며, '흙빛이 난다' 하여 토장(土醬)이라고도 한다. 우리는 건강한 몸을 '된장살'이라고 하는가 하면, 힘이 센 사람을 가리켜 '된장힘'이라고 하여 된장에서 건강한 몸과 힘을 얻는다고 믿었다.

옛날부터 된장에는 오덕(五德)이 있다고 했다. 다른 맛과 섞여도 제 맛을 잃지 않아 단심(丹心), 오래 두어도 변질되지 않아 항심(恒心), 비리고 기름진 냄새를 제거해 주므로 불심(佛心), 매운맛을 부드럽게 해 주므로 선심(善心), 어떤 음식과도 잘 조화되므로 화심(和心)이라는 것이다.

된장의 제조와 종류

된장은 간장을 뜨고 남은 메주를 으깨어 항아리에 담은 뒤 소금을 뿌려 만든다. 간장과 된장에 쓸 메주는 보통 10~12월에 콩을 삶아서 메주로 만들어 띄우며, 이듬해 입춘 전에 장을 담근다. 메주를 띄우는 방법은 지역마다 다르고 각각의 비법도 따로 있다.

볏짚에는 발효에 도움을 주는 바실루스균이 들어 있어 발효를 활성화해 준다. 짚으로 묶을 때는 솔잎을 함께 묶고, 잡균이 번식하는 것을 방지하기 위해 참숯으로 훈증을 하기도 한다. 이렇게 메주를 만들어 한 달 정도 지나 2/3 정도가 마르면 짚으로 겹겹이 싼 메주를 따뜻한 온돌방의 솜이불 속에 쌓아 둔다. 이렇게 보름 정도 놓아두면 메주에서 나온 수증기가 증발하여 메주 속까지 곰팡이가 왕성하게 번식한다. 이런 과정을 거쳐 '잘 띄운 메주'가 만들어지는 것이다. 이렇게 콩 100%로 만든 재래 된장은 우리 몸에 좋은 발효균과 영양 성분이 파괴되지 않고 그대로 살아 있다 특히 숙성이 진행될수록 맛과 향이 더욱 좋아진다. 반면 시판되는 가열 살균 된장은 발효균이 죽은 상태인데다 밀가루를 섞어 만들기 때문에 맛이 텁텁하고 달다.

된장은 원료의 배합 비율에 따라서 맛과 숙성 기간에 상당한 차이가 난다.

메주의 발효 상태와 양은 단맛을 결정하고, 콩의 양은 구수한 맛을 결정하며, 소금은 짠맛과 숙성 기간에 영향을 준다.

재래 된장은 그 종류가 다양한데, 막된장·토장·막장·즙장(汁醬)·생황장·청태장·팥장(小豆醬)·청국장·집장·두부장(豆腐醬)·지례장·무장·생치장(生雉醬)·비지장·깻묵장·등겨장·가리장 등으로 구분할 수 있다.

된장의 기능과 효능

《뇌내혁명》의 저자 하루야마 시게오는 된장을 카리켜 '최고의 자연 식품'이라 했으며, 콩을 이용한 청국장과 된장은 아미노산 밸런스가 뛰어나 뇌내 모르핀을 만드는 재료로 가장 적합하다고 했다. 《본초강목》에도 된장으로 약효를 보는 처방이 43가지나 적혀 있어 "된장이 치료로 최다(最多)하다."며 약효의 다양함을 적고 있다. 된장의 대표적인 기능과 효능은 다음과 같다.

항암 작용 된장찌개에 발암 물질을 투여하여 쥐를 암에 걸리도록 한 뒤 된장을 먹인 결과 된장을 먹이지 않은 쥐보다 암 조직의 무게가 80%나 감소했다. 암세포의 성장을 억제하는 효과도 있다.

고혈압에 특효 된장에 들어 있는 히스타민-류신 아미노산은 생리 활성이 뛰어나 두통으로 인한 통증을 줄여 주고 혈압을 낮춰 준다. 콜레스테롤을 제거하고 혈관을 탄력 있게 하는 효과도 있다.

간 기능 강화 간 기능을 회복하고 해독하는 데 효과를 발휘하고, 간 독성 지표인 아미노기 전이 효소의 활성을 떨어뜨려 간 기능을 강화해 준다.

항산화 효과 콩에는 항노화 작용을 하는 이소플라본(Isoflavone)이 들어 있다. 아미노산류와 당류의 반응으로 생성된 멜라노이딘(melanoidine)상의 물질인 항산화 성분도 들어 있다.

노인성 치매 예방 콩 속에 들어 있는 레시틴(lecithin)은 뇌 기능을 향상시켜 준다. 기능성 물질인 사포닌은 혈중 콜레스테롤 수치를 낮추고 과산화 지질의 형성을 억제하여 노화와 노인성 치매를 예방한다.

천연 소화제 식욕을 돋우는 동시에 소화력이 뛰어나 된장과 함께 먹으면 체할 염려가 없다. 민간에서는 체했을 때 된장을 묽게 풀어 끓인 국을 한 사발 먹으면 체기가 풀어진다고 했다.

골다공증 예방 식물성 에스트로겐(estrogen)인 이소플라본 유도체가 뼈를 형성하여 여성의 골다공증을 예방한다.

당뇨 개선 멜라노이딘 성분이 인슐린의 분비를 원활하게 하여 당뇨를 개선한다.

고추장

한국을 대표하는 매운맛, 고추장

고추장은 우리나라에 고추가 전래된 16세기 이후에 개발되어 우리의 식생활에 커다란 변화를 가져 왔다. 임진왜란(1592년) 전후에 유입되어 역사는 4백 년 정도에 불과하지만 소비량은 연간 약 20만 톤에 이른다. 말 그대로 한국 음식에서 빼놓을 수 없는 필수 양념인 것이다. 일본에서 온 매운 나물이란 뜻에서 처음엔 '왜개자(倭芥子)', 고통스러운 맛이 난다 하여 '고초(苦草, 苦椒)' 등으로 불렀다.

고추장은 녹말이 가수분해되어 생성된 당분의 단맛과 메주콩 단백질이 가수분해되어 생긴 아미노산의 구수한 맛, 고춧가루 중의 캡사이신(capsaicin)에 의한 매운 맛, 소금의 짠맛이 잘 조화되어 특유의 감칠맛을 낸다. 따라서 원료의 배합 비율과 숙성 조건에 따라 성분과 맛이 달라진다. 고추장은 된장에 사용하는 콩의 일부를 전분질 원료로 바꾸기 때문에 된장에 비해 단백질 함량은 적은 대신 당분이 많은 것이 특징이다.

우리 속담에 "작은 고추가 맵다." 하고, 한국인의 힘을 말할 때 '고추의 힘'이라고 말하기도 한다. 고추의 매운맛은 자극적이기 때문에 식욕을 돋우는 데 매우 효과적이다. 한국인이 고추를 애용하는 이유도 바로 여기에 있다. 그러나 지나치게 많이 섭취하면 위장의 점막을 자극하여 소화 기관을 해칠 염려가 있으므로 적당히 섭취할 것을 권한다

고추장의 제조와 종류

고추장의 원료는 메주, 고춧가루, 엿기름, 소금이지만 무엇보다 중요한 건 고춧가루다. 고추장은 보통 날이 더워지기 전인 3~4월에 담근다. 전통 고추장 메주는 콩의 약 20%에 달하는 만큼의 찹쌀가루를 시루에 쪄 낸 다음 섞어 부수어 덩어리를 만들고 재래식 콩메주와 같은 방법으로 자연 발효 및 건조 과정을 거쳐 만든다. 이렇게 만든 메주 가루를 찹쌀밥에 섞고 적당한 양의 물을 끼얹어 반죽한 뒤 따뜻한 방에 덮어 두면 호화 작용이 일어나 반죽이 묽어진다. 여기에 고춧가루와 소금을 넣고 골고루 섞은 뒤 항아리에 담아 햇볕에 일정한 기간 숙성시키면 고추장이 완성된다. 고추장은 넣는 재료나 간의 세기, 보관 장소에 따라 숙성 기간이 달라진다. 대개는 고추장을 담가 항아리에 담아 놓고 가끔 햇볕을 쬐면서 숙성시켜 한 달 뒤에 먹는다.

고추장은 메줏가루와 주재료의 종류에 따라 찹쌀고추장, (멥)쌀고추장, 보리고추장, 고추장(밀가루), 팥고추장, 떡고추장, 수수고추장, 고구마고추장, 마늘고추장, 대추찹쌀고추장, 무거리고추장, 약고추장 등으로 구분할 수 있다. 또 이용 방법에 따라 비빔밥이나 비빔 국수에 넣어 먹는 양념 고추장, 회나 강회 등을 찍어 먹는 초고추장, 찌개에 넣는 막고추장, 장아찌 등에 넣는 장아찌 고추장으로 나뉜다.

막 버무린 고추장은 되직하고 검붉은 색이 나는 것이 좋다. 맛은 약간 짜고 매우며 쌉쌀해야 제대로 된 것이다. 6개월 정도 숙성되면 고추의 매운맛과 메주의 구수한 맛, 찹쌀 전분의 단맛과 소금의 짠맛이 어우러져 감칠맛이 난다.

고춧가루는 태양에 말린 태양초가 가장 좋다. 고추씨가 보이고 살이 투명하고 맑아 빛이 나는 고추를 빻은 것으로 일반적인 고추는 끝이 약간 굽고 검붉은 것을 택한다. 너무 투명해서 씨앗이 보이는 것은 가루 양이 적다. 김치를 담글 때는 입자가 굵은 고춧가루를 사용하는 것이 색이 곱고 맛깔스러우며

오래 저장하기에 좋다. 고추장을 담글 때는 아주 고운 고춧가루를 사용한다.

　예전에는 집마다 두세 종류의 고추장을 담가두고 음식에 따라 구별해서 쓰기도 했다. 귀한 찹쌀고추장은 초고추장을 만들거나 음식의 고운 색을 낼 때 쓰고, 밀가루고추장은 찌개나 토장국, 장아찌 등을 담글 때 사용했다. 농가에서는 보리고추장을 많이 만들어 먹었는데, 보릿가루를 쪄서 엿기름물을 풀어 삭혀서 고춧가루와 메줏가루를 넣어 버무린다. 다른 고추장보다 단맛이 적고 칼칼하고 구수해서 쌈장으로 많이 먹었다.

　경상도와 전라도에서는 메줏가루를 넣지 않고 조청을 고아 고춧가루를 섞어 소금으로 간을 한 엿고추장도 있다.

장아찌는 우리네 어머니에서 어머니에게로 오랜 세월 전승되어 온 생활의 지혜가 담긴 음식으로, 수더분한 시골 아낙 같은 소박함이 살아 있다. 그렇기에 장아찌는 어머니의 지극한 정성이 빚어내고 시간이 곰삭힌 한국의 맛이며, 대를 잇는 밑반찬이다.

2장
장아찌 담그기

가지 · 감 · 개똥쑥 · 개망초 · 개미취 · 거북꼬리 · 고구마 · 고구마순 · 고들빼기 · 고사리 · 고추 · 곰취 · 김 · 깻잎 · 냉이 · 다래순 · 달래 · 달맞이꽃 & 돌나물 · 닭의장풀 · 대추 · 더덕 · 두릅 · 둥굴레 · 마늘 · 마늘종 · 매실 · 메꽃 · 명아주 · 무 · 무청 · 미삼 · 민들레 · 밤 · 버섯 · 브로콜리 & 콜리플라워 · 뽕잎 · 산마늘(명이나물) · 셀러리 · 소루쟁이 · 쇠비름 · 싱아 · 쑥 · 쑥부쟁이 · 양파 · 엄나무 · 연근 · 오이 · 원추리 · 은행 · 잣 · 죽순 · 질경이 · 차조기 · 참나물 · 참외 · 칡 · 콩잎 · 토마토 · 피망 · 호박잎 · 굴비 · 도토리묵 · 두부 · 북어 · 진미채

가지

스펀지 상태의 조직, 보랏빛 색소에 항산화 성분이 가득

동글동글한 모양이 예쁜 가지는 여름을 대표하는 채소다. 일본 농림성 식품 연구소에서 가지와 시금치, 브로콜리를 이용하여 암 억제 효과를 조사한 결과 브로콜리는 70%, 가지는 80% 이상 암을 억제하는 효과가 나타났다. 또한 최근 일본 나고야 대학의 연구 결과에 따르면 가지 추출액이 8종류의 암세포가 증식하는 것을 억제해 준다고 한다. 가지의 발암 억제 효과는 알칼로이드(alkaloid) 성분에 의한 것으로, 나트륨이 배출되는 것을 촉진하여 혈압을 낮춰 주는 작용을 한다. 게다가 가지의 조직은 스펀지 상태이기 때문에 튀김이나 볶음 요리에 이용하면 식물성 기름에 다량 함유되어 있는 비타민E를 효과적으로 섭취할 수 있다. 비타민E는 항산화 효과가 있어서 가지의 성분과 함께 작용하여 이중 발암 억제 효과를 낸다. 칼로리가 낮기 때문에 다이어트를 하거나 콜레스테롤이 신경 쓰이는 사람에게도 권할 만하다. 하루에 70g, 자그마한 것 2개 정도면 충분하다.

가지 알고 먹기

고르기 윤기가 나고 진보라색을 띠면서 표면이 탱탱하고 꼭지 부분의 가시가 날카로운 것이 싱싱하다.

기본 손질 썰어 두면 단면이 갈색으로 변하므로 써는 즉시 물에 담가 색이 변하는 것을 막는다.

보관 방법 잎과 꼭지를 떼어내지 말고 그대로 보관한다. 오래 보관하려면 랩에 싸거나 비닐봉지에 넣어 수분을 보충한 뒤 냉장 보관한다.

영양 성분 가지의 보라색을 내는 색소 성분인 안토시아닌(anthocyanin)은 시력 개선, 혈당 개선, 지방 흡수 등의 효과가 있다.

포인트 조직이 스펀지 형태라서 식물성 기름에 요리하면 불포화 지방산과 비타민E를 섭취할 수 있다.

ⓒ ZP 정희원

가지간장장아찌

재료 가지 5개(500g), 소금 3큰술 **달임장** 진간장 1컵, 물 2컵, 설탕 1/2컵, 마늘 1통, 마른 고추 2개, 다시마 5cm **양념** 다진 파, 다진 마늘, 설탕, 깨소금, 참기름 적당량

1 가늘고 작은 가지를 골라 물에 씻어서 3~4cm 크기로 잘라 길이로 칼집을 내어 소금물에 절여 놓는다. **2** 절여 놓은 가지를 베보자기에 싸서 무거운 것으로 눌러 물기를 짠다. **3** 달임장을 끓여 건더기를 건져 내고 식힌다. **4** 가지를 밀폐 용기에 담은 뒤 끓여서 식힌 달임장을 가지가 잠길 정도로 붓고 돌로 눌러 둔다. **5** 1개월 뒤 골고루 맛이 배면 채 썰어 갖은 양념에 무쳐 먹는다.

※ 맛보기 : 맛이 든 것을 건져서 채반에 펼쳐 물기를 거둔 뒤 고추장에 박아 두었다가 먹으면 또 다른 맛을 즐길 수 있다.

감
소화 흡수가 잘되는 포도당과 과당이 풍부한 가을 과일

감은 가을을 대표하는 과일로 영양 가치가 매우 높다. 다른 과일에 비해 수분 함량은 낮은 반면 당분 함량은 높은 것이 특징으로, 당분의 대부분이 포도당과 과당이어서 소화 흡수가 잘된다. 감에서 가장 중요한 영양소는 비타민C로 사과의 6배나 된다. 비타민A 효과를 내는 카로틴도 많이 들어 있어서 질병에 대한 저항력을 높여 주고 피부에 탄력을 준다. 감 특유의 떫은맛은 탄닌 성분에 의한 것으로, 수렴 작용을 하여 설사를 멎게 하는 효과가 있다. 그래서 변비가 있는 사람은 먹지 않는 것이 좋다. 철분과 결합하여 빈혈을 일으킬 수 있으므로 빈혈이나 저혈압이 있는 사람도 먹지 않는 것이 좋다. 같은 품종이라도 추운 지방에서 자란 감에 탄닌이 더 많다. 감잎에는 비타민C가 풍부해 차로 끓여 수시로 마시면 좋다. 최근에는 감잎의 폴리페놀 성분에 중풍과 고혈압을 예방하는 효과와 피부 미백 효과가 있다는 사실이 밝혀졌다.

감 알고 먹기

고르기 꼭지가 황색을 띠고 볼록하게 튀어나와 있는 것이 씨가 고르게 박혀 있어 맛이 좋다. 껍질에 탄력과 윤기가 있고 표면이 울퉁불퉁하지 않으며 색이 짙고 꼭지가 매끈하게 붙어 있는 것을 고른다.

기본 손질 흐르는 물에 깨끗이 씻어 요리에 이용한다.

보관 방법 온도가 높아질수록 과육이 물러지므로 비닐봉지에 담아 0℃ 정도의 저온에 보관한다.

영양 성분 감 1개면 성인에게 필요한 하루 비타민A · C 권장량을 보충할 수 있다. 환절기에 먹으면 감기를 예방할 수 있다.

포인트 감을 햇볕에 말린 곶감은 칼로리가 높은 고열량 식품이므로 과잉 섭취하지 말아야 한다.

감고추장장아찌

재료 감 10개, 고추장 5컵(된장 5컵), 물엿 1컵

1 씨가 적고 노랗고 단단한 감을 골라 깨끗이 씻어 꼭지는 그대로 두고 꼭지에 붙은 잎만 떼어낸다. 떫은 감은 소금물에 일주일 정도 담가 우려낸 뒤에 이용한다. **2** 손질한 감을 1~2cm 정도로 통째 썰어 그늘에서 꾸덕꾸덕하게 말린다. **3** 말린 감을 고추장에 버무려 망이나 베주머니에 담고 위에 고추장을 듬뿍 얹어 저장한다. **4** 1개월 이상 지나면 먹을 수 있다. 먹을 만큼만 꺼내 양념해서 먹는다.

※ 맛보기 : 아삭아삭하면서 단맛이 나는 장아찌. 감을 통째로 넣거나 반으로 잘라 넣었다면 2개월 정도 지난 뒤에 먹을 수 있다.

개똥쑥

항암 · 항말라리아 효과를 가진 야생초

대부분의 산채류는 발암 물질을 70% 이상 억제하는 효과가 있다. 이는 야생 상태에서 끈질기게 생명을 유지하기 위해 스스로 방어 물질을 만들어 낸 결과로 보인다. 빈터나 길가, 강가에서 자라는 개똥쑥 또한 항암 효과를 가진 대표적인 야생초다. 손으로 비비면 개똥과 비슷한 냄새가 난다 하여 개똥쑥이라는 이름이 붙었다. 오래 전부터 이질이나 소화 불량 등에 민간요법으로 사용되어 왔다. 중의학에서도 이러한 효능을 인정하여 2000년 이상 전부터 개똥쑥을 처방해 왔다. 최근 연구 결과에 의하면 개똥쑥은 기존의 항암제보다 암 억제 효과가 1,200배 이상 뛰어나다고 한다. 특히 개똥쑥의 플라보노이드 성분은 항말라리아 효과가 있어서 말라리아 치료제를 제조하는 데 쓰이고 있으며, 백혈병 세포에 투여한 결과 암세포를 죽이는 것으로 확인되었다. 열을 내리고 면역 기능을 조절하며 피로 회복에도 효과가 있는 것으로 알려져 있다.

개똥쑥 알고 먹기

고르기 키가 30cm 정도에 아랫줄기가 시들지 않은 것이 좋다. 잎을 뜯어 비빈 것을 코에 대 보아 냄새가 진한 것을 채취한다.

기본 손질 누런 잎을 제거한 뒤에 이용한다. 쓴맛을 줄이려면 2~3회 정도 물을 바꿔 가며 찬물에 담가 쓴맛을 우려낸 뒤에 이용한다.

보관 방법 깨끗이 씻어서 바람이 잘 통하는 그늘에 말리거나 끓는물에 살짝 데쳐서 물기를 짠 뒤 조금씩 나누어 비닐에 넣어 냉동 보관한다.

영양 성분 아르테미신(artemisin, 쓴맛 성분), 철, 엽산, 엽록소 등의 성분이 함유되어 있어 열을 내리고 면역을 조절하며 악창을 개선하고 위장을 튼튼하게 하며 피로를 풀어 준다.

포인트 그윽한 향만으로도 기분을 상쾌하게 하고 건강을 증진시켜 주는 기분이 들므로 향을 최대한 살리는 방법으로 이용하는 것이 좋다.

개똥쑥간장장아찌

재료 개똥쑥 500g **달임장** 간장·물 각 1컵, 설탕·식초 각 1/2컵, 마늘 5쪽, 대파 1뿌리, 청양고추 3개 **양념** 설탕, 통깨 적당량

1 개똥쑥은 손질하여 끓는물에 삶아 찬물에 헹군 뒤 채반에 꾸덕꾸덕하게 말린다. 2 달임장을 넣고 끓여서 건더기만 건져내고 장은 식힌다. 3 개똥쑥을 용기에 담고 식힌 달임장을 부은 뒤 무거운 돌로 눌러 숙성시킨다. 4 한 달 뒤에 먹을 만큼만 덜어 양념에 무쳐 먹는다. 향이 죽을 수 있으므로 참기름은 넣지 않는다.

※ 맛보기 : 맛이 든 것을 건져서 채반에 펼쳐 물기를 거둔 뒤 고추장에 박아 두었다가 먹으면 또 다른 맛을 즐길 수 있다.

개망초

전국 어디서나 볼 수 있는 나물. 가을 새순도 식용 가능

1910년 한일 합방을 즈음하여 들어온 귀화 식물로 망국초, 왜풀, 개망풀이라고도 부른다. 개망초가 퍼지기 시작하면서 을사조약이 맺어졌다는 이유에서 나라를 망하게 하는 풀, 즉 '망초(亡草)'라는 억울한 이름이 붙었다. 꽃 모양이 계란프라이를 닮았다고 해서 '계란꽃'이라고 부르기도 한다. 봄과 가을에 뿌리나 전초를 이용하는데, 부드럽고 향긋한 어린잎은 데쳐서 갖은 양념에 무쳐 나물로 먹거나 된장국, 고깃국 등에 넣어 먹는다. 튀겨도 맛이 좋고, 생으로 먹을 수도 있으며, 생즙을 내서 마시기도 한다. 성숙한 잎은 말려서 음료 대신 삶아 마셔도 좋다. 약효가 좋아서 물과 함께 달여 마시면 급성 전염성 간염과 소화 불량에 효과를 볼 수 있고, 어성초와 짚신나물을 함께 넣고 달여 꿀이나 설탕을 섞어 아침 저녁으로 마시면 위장병을 치료할 수 있다. 민간에서는 치은염이나 뱀 물린 데 신선한 것을 찧어서 바른다.

개망초 알고 먹기

고르기 꽃대가 오르기 전의 전초는 다 연하다. 지역에 따라선 꽃이 피기 전 연한 상층부를 잘라 묵나물로 먹기도 한다.

기본 손질 깨끗이 씻어서 살짝 데친 것을 채반에 말린다.

보관 방법 비닐봉지에 담아 냉장 보관한다.

영양 성분 줄기와 잎에 들어 있는 수용성 혈당 강하 성분이 혈당과 혈압을 내려 준다.

포인트 생것보다 말린 것이 효과가 더 좋으므로 미리 채취하여 잘게 썰어 말려 두었다가 이용하면 좋다.

개망초간장장아찌

재료 개망초 500g **달임장** 간장·물 각 1컵, 설탕·식초 각 1/2컵, 마늘 5쪽, 소주 2큰술, 대파 1뿌리, 마른 고추 2개, 다시마 5cm **양념** 다진 파, 다진 마늘, 설탕, 깨소금, 참기름 적당량

1 개망초는 손질하여 끓는물에 삶아 찬물에 헹군 뒤 바람이 잘 통하는 그늘에 말린다.
2 달임장을 끓여 건더기만 건져내고 장은 식힌다. 3 개망초를 용기에 담고 식힌 달임장을 부어 돌로 눌러 둔다. 3~4일, 일주일, 보름 간격으로 달임장만 따라내어 끓여서 식혀 붓기를 3회 반복하여 서늘한 곳에 보관한다. 4 먹을 만큼만 덜어 갖은 양념에 무쳐 먹는다.

※ 맛보기 : 쌉싸름한 뒷맛이 여운처럼 남는 장아찌

개미취 특유의 쓴맛과 향으로 입맛을 사로잡는 산나물

취 종류는 매우 다양하여 우리나라에 자생하는 취 종류만 해도 21종이나 된다. 개미취는 우리나라 전국 산기슭에서 흔히 자란다. 아주 어린 새순은 데쳐서 물에 담갔다가 양념하여 먹고, 좀더 자란 것은 쓴맛이 나므로 충분히 우려낸 다음 햇볕에 바싹 말려서 갈무리한 뒤에 묵나물로 먹는다. 늦여름에서 초가을에 키가 1mm 가량 자란 꽃대에서 보랏빛의 꽃이 피어 관상용으로도 유용하다. 개미취는 죽은 혼도 되살린다 하여 일명 반혼초라고도 불리기도 한다. 특히 기침에 효험이 큰 것으로 알려져 있는데, 이는 기도 점액의 분비를 증가시켜 가래를 희석시켜 가라앉히는 효과가 있기 때문이다. 기침으로 인한 호흡 곤란, 토혈, 각혈, 만성 기관지 확장증, 오래된 해수증 등에도 효과가 좋다. 항균 효과가 있어 대장균이나 이질균, 콜레라균 등에 대해서도 일정한 효과를 나타낸다.

개미취 알고 먹기

고르기 이른봄, 한 뼘 가량 자란 것을 채취한다.

기본 손질 물에 깨끗이 씻어서 물기를 제거한다.

보관 방법 생으로 먹을 것은 비닐팩에 담아 냉장 보관하고 묵나물로 쓸 것은 삶아서 말려 두었다가 물에 불려 다시 데쳐서 이용한다.

영양 성분 봄에 캔 뿌리를 햇빛에 말려 해갈 · 진해 · 거담제로 이용한다.

포인트 나물이나 장아찌로 만들어 먹어도 맛있지만 꽃 색깔이 아름다워 뜰에 심어 놓고 화초로 즐기기도 한다.

개미취간장장아찌

재료 불린 개미취 묵나물 500g(말린 것 기준으로는 100g) **달임장** 간장·매실액 각 1컵, 물 2컵, 액젓·설탕·식초 각 1/2컵 **양념** 다진 파, 다진 마늘, 설탕, 깨소금, 참기름 적당량

1 따뜻한 물에 5~6시간 정도 불린 취를 삶아서 찬물에 헹구어 채반에 펼쳐 꾸덕꾸덕하게 말린다. **2** 달임장 재료를 넣고 끓여서 건더기는 건져내고 장은 식힌다. **3** 용기에 취를 넣고 달임장을 부은 뒤 재료가 뜨지 않도록 무거운 돌로 눌러 시원한 곳에 저장한다. **4** 1개월 뒤에 먹을 만큼만 꺼내 갖은 양념에 무쳐 먹는다.

※ 맛보기 : 푹 삶은 묵나물처럼 부드러운 장아찌

거북꼬리

말려 두었다가 묵나물로 먹으면 더 맛있는 나물

7~8월에 연한 녹색 꽃이 피는 거북꼬리는 계곡 숲 가장자리나 약간 그늘진 곳에서 잘 자란다. 달걀 모양의 잎 가장자리에 톱니가 나 있는데 이것이 거북의 꼬리를 닮았다고 해서 거북꼬리라는 이름이 붙었다. 어린잎을 주로 식용하는데 이른봄에 연한 순을 뜯어다 살짝 데쳐서 무쳐 먹으면 은은한 향기가 나며 맛있다. 줄기가 마르기 시작하면 뿌리를 캐어 깨끗이 잘게 썰어 말려 두고 이용하면 된다. 살짝 데친 연한 순을 찬물에 넣어 반나절 정도 우려 말린 것을 저장해 두었다가 겨울에 묵나물로 먹어도 좋다. 뿌리를 동북저마(東北苧麻)라고 하여 약재로 이용하는데, 줄기가 마르는 가을에 잔뿌리까지 모두 채취하여 이용하면 된다. 거북꼬리로 담근 술은 열증을 제거해 주는 청열 작용과 해독 작용을 한다.

거북꼬리 알고 먹기

고르기 봄철에 난 연한 새순을 채취한다. 채취한 뒤로는 조리하기 전까지 싱싱함을 유지하도록 한다.

기본 손질 끓는물에 소금을 넣고 데쳐서 반나절 정도 찬물에 담가 쓴맛을 제거한 뒤에 이용한다.

보관 방법 채취하여 오래 두면 억세지므로 바로 조리하는 것이 좋다.

영양 성분 피하 조직과 피부에 나타나는 접촉성 전염 질환, 지혈, 해독에 효과적인 성분이 들어 있다.

포인트 푸른잎 채소는 오래 삶으면 영양소가 파괴되므로 살짝 데쳐야 한다. 데칠 때는 냄비 뚜껑을 열고 데쳐야 잎이 누렇게 변하지 않는다. 뚜껑을 닫으면 휘발성 유기산이 엽록소를 파괴한다.

거북꼬리간장장아찌

재료 거북꼬리 500g **달임장** 간장·물 각 1컵, 설탕·식초 각 1/2컵, 마늘 5쪽, 소주 2큰술, 대파 1뿌리, 마른 고추 2개, 다시마 5cm **양념** 다진 파, 다진 마늘, 설탕, 깨소금, 참기름 적당량

1 거북꼬리는 손질하여 끓는물에 삶아 찬물에 헹구어 바람이 잘 통하는 그늘에 말린다. **2** 달임장을 넣어 끓여 건더기만 건져내고 장은 식힌다. **3** 거북꼬리를 용기에 담고 식힌 달임장을 부은 뒤 돌로 눌러 둔다. 3~4일, 일주일, 보름 간격으로 달임장만 따라내어 끓여서 식혀 붓기를 3회 반복하여 서늘한 곳에 보관한다. **4** 먹을 만큼만 덜어 갖은 양념에 무쳐 먹는다.

※ 맛보기 : 은은한 향이 흔한 잡초임을 잊게 하는 장아찌

고구마
풍부한 식이섬유가 변통을 좋게 하여 대장암을 예방

고구마는 알칼리성 식품으로 주성분은 당질이지만 비타민도 풍부하다. 200g 짜리 고구마 한 개에 암의 원인이 되는 과산화 지질을 억제하는 비타민E와 멜라닌 색소를 억제하고 주근깨와 기미 예방에 좋은 비타민C가 충분히 들어 있다. 고구마를 자르면 나오는 하얀 유액은 얄라핀(jalapin)이라는 성분으로, 변통을 좋게 해 준다. 발암 물질과 장관 벽과의 접촉 시간을 단축시켜 주는 식이 섬유도 풍부해 대방암 예방에도 효과적이다. 중간 크기의 고구마 한 개를 껍질째 먹으면 2g의 식이섬유를 섭취할 수 있다. 혈중 콜레스테롤 수치를 낮춰 주는 펙틴(pectin)도 풍부하여 당뇨 환자나 다이어트 중인 사람에게도 좋다. 암세포가 증식하는 것을 막아 주는 베타카로틴(betacarotene)도 풍부하여 중간 크기의 고구마 한 개면 하루에 필요한 베타카로틴의 양을 충족시킬 수 있다. 황색이 진할수록 베타카로틴 함량이 높다. 고구마의 비타민C는 가열해도 잘 파괴되지 않으므로 구이나 찜, 튀김 등 기호에 맞게 이용할 것을 권한다.

고구마 알고 먹기

고르기 표면이 매끈하고 껍질이 선명한 붉은색을 띠며 황토에서 자란 것이 당도가 높다. 가늘고 긴 것은 섬유질이 많아 말랑말랑하고 달착지근하며, 동글동글한 것은 전분이 많아 밤맛이 난다.

기본 손질 껍질 안쪽에 심줄이 있으므로 조금 두껍게 벗긴다. 껍질을 벗긴 뒤에는 옅은 설탕물에 담가 색이 변하는 것을 막는다.

보관 방법 저온에 약하므로 냉장고에 넣지 말고 햇볕에 말렸다가 신문지에 싸서 실온에 보관한다. 이렇게 하면 당도도 높아지고 더 오래 보관할 수 있다.

영양 성분 칼륨이 풍부해 체내에 쌓인 나트륨을 효과적으로 배출해 준다.

포인트 자른 뒤에는 물에 담가 전분을 제거하고 이용하면 깔끔하다.

고구마간장장아찌

재료 고구마 5개(1kg) **달임장** 진간장 2컵, 설탕 1컵, 물 2컵, 청주 1/2컵, 마른 고추 3개, 레몬 1개
양념 다진 파, 다진 마늘, 설탕, 깨소금, 참기름 적당량

1 고구마는 껍질째 깨끗이 씻어서 1cm 두께로 둥글게 썰어 찬물에 담가 전분을 제거한다. 2 끓는물에 소금을 넣고 살짝 데쳐서 1~2일 정도 채반에 꾸덕꾸덕하게 말린다. 3 달임장 재료를 한소끔 끓여서 식힌다. 4 고구마를 용기에 담고 식힌 달임장을 붓는다. 5 2~3일이 지나면 달임장을 따라 다시 한번 끓여서 식힌 것을 부은 뒤 무거운 돌로 눌러 숙성시킨다. 일주일, 열흘 간격으로 3회 정도 달임장을 다시 끓여 식혀 부어야 맛이 변하지 않고 맛있다. 6 한 달 뒤에 먹을 만큼만 덜어 갖은 양념에 무쳐 먹는다.

고구마순

아삭아삭한 식감이 매력인 여름 채소

'번서등(藩薯藤)'이라고도 불리는 고구마순에는 칼슘이 우유보다 많이 들어 있다. 열량이 낮고 섬유소가 많아 비만 예방은 물론 변비를 해소하고 지방간과 대장암을 예방하는 데도 효과가 좋다. 구토, 설사, 혈변, 자궁 출혈, 종기를 치료하며, 젖이 부족하여 잘 나오지 않을 때 먹어도 효과가 있다. 비타민 성분이 많아 노화를 방지해 주기도 한다. 지친 피부에 생긴 기미에도 효과가 좋다. 기미에는 잎과 줄기를 모두 쓸 수 있는데 고구마 줄기를 적당히 잘라 물을 붓고 달여서 일주일 정도 바르면 효과가 나타난다. 가을에 채취한 고구마순 껍질을 벗기지 않고 줄기만 다듬어서 뜨거운 물에 데쳐 햇볕에 말려 저장해 두었다가 겨울에 묵나물로 먹기도 한다. 고구마순은 올리브유와 궁합이 잘 맞는다. 고구마순의 비타민A가 지용성이어서 기름에 볶으면 흡수율이 높아지기 때문이다.

고구마순 알고 먹기

고르기 마르지 않고 통통하며 색이 연하고 무르지 않은 것이 좋다.

기본 손질 질긴 껍질을 벗겨 소금물에 절인다.

보관 방법 생고구마순을 데쳐 물기를 꼭 짠 뒤 밀폐용기에 담아 냉장 보관한다. 오래 보관하려면 살짝 데친 후 햇볕에 뒤적여 가며 말려서 보관한다.

영양 성분 비타민A · C와 칼륨, 식물섬유가 풍부하여 암과 생활습관병 예방에 효과적이다.

포인트 질긴 겉껍질은 벗겨내고, 말린 나물은 따뜻한 물에 담가 충분히 불려서 삶아 조리한다.

고구마순간장장아찌

재료 고구마순 1단, 소금 약간 **달임장** 간장 4컵, 설탕·식초 각 2컵, 청주 1/2컵, 마늘 5쪽, 대파 1뿌리, 마른 고추 5개 **양념** 다진 파, 다진 마늘, 설탕, 깨소금, 참기름 적당량

1 고구마순을 소금물에 2시간 정도 절여 껍질을 벗긴 뒤 햇볕에 꾸덕꾸덕하게 말린다. **2** 달임장을 중불에서 20분 정도 끓인 뒤 건더기만 건져내고 장은 식힌다. **3** 고구마순을 용기에 담고 식힌 달임장을 부어 뜨지 않게 돌로 눌러 둔다. **4** 3~4일, 일주일, 보름 간격으로 달임장만 따라내어 끓여서 식혀 붓기를 3회 반복하여 서늘한 곳에 보관한다. **5** 10일 정도 지나면 먹을 수 있다. 먹을 만큼만 덜어서 양념에 무쳐 먹는다.

고들빼기

위장을 튼튼하게 하고 소화 기능을 높이는 쓴맛 채소

양지바른 들이나 밭가에서 많이 자라는 고들빼기는 나물로도 먹고 약으로도 먹는 건강 채소다. 주성분은 이눌린(inulin)으로 매우 떫고 쓴맛을 갖고 있는데, 바로 이 맛 때문에 나물로 애용되고 있다. 쓴맛은 입맛을 돋워 줄 뿐만 아니라 위장을 튼튼하게 하고 소화 기능을 좋게 하는 효과가 있다. 주로 어린 싹을 살짝 데쳐서 나물로 먹거나 초무침, 김치로 이용하는데, 섬유질이 적고 탄수화물·단백질·지방의 3대 영양소를 함유하고 있다. 잠을 쫓아 주는 효과가 있어 장시간 앉아 공부해야 하는 수험생에게도 좋다. 해열, 편도선염, 자궁염, 종기, 부스럼을 치료하는 데도 처방한다. 지역에 따라 고들빼기를 씀바귀라고 부르기도 하는데, 씀바귀는 잎보다는 땅속을 뻗어 나가는 긴 뿌리를 주로 먹는다. 쓴맛 정도는 비슷하다고 여겨질 수 있으나, 고들빼기는 잎과 뿌리를 함께 먹고, 씀바귀는 주로 길게 얽힌 뿌리를 식용한다.

고들빼기 알고 먹기

고르기 뿌리가 굵고 잎이 연한 것을 고른다.

기본 손질 지나치게 짜지 않은 소금물에 이틀 정도 담가 쓴맛을 제거한 뒤에 이용한다.

보관 방법 물기가 없는 상태로 비닐 팩에 담아 냉장 보관한다.

영양 성분 고들빼기의 쓴맛은 위장을 튼튼하게 하는 구실을 하므로 물에 담가 쓴맛을 약간만 빼고 그대로 섭취하는 것이 좋다. 산야초는 생으로 먹는 것이 가장 좋다.

포인트 김치를 담그거나 나물을 무칠 때 배를 첨가하면 특유의 쓴맛을 어느 정도 중화할 수 있다.

고들빼기간장장아찌

재료 고들빼기 500g **달임장** 간장·물 각 1컵, 설탕·식초·매실액·물엿 각 1/2컵, 마늘 5쪽, 소주 2큰술, 대파 1뿌리, 마른 고추 2개, 다시마 5cm **갖은 양념** 다진 파, 다진 마늘, 설탕, 깨소금, 참기름 적당량

1 고들빼기는 물을 바꾸어 가며 하룻밤 정도 담가 쓴맛을 우려낸 뒤 채반에 널어 꾸덕꾸덕하게 말린다. **2** 달임장 재료를 넣고 끓여서 건더기만 건져낸 뒤 식초를 넣는다. **3** 용기에 고들빼기를 넣고 달임장을 부은 뒤 무거운 돌로 눌러 둔다. 3~4일, 일주일, 보름 간격으로 달임장만 따라내어 끓여서 식혀 붓기를 3회 반복하여 서늘한 곳에 보관한다. **4** 먹을 만큼만 덜어 갖은 양념에 무쳐 먹는다.

※ 맛보기 : 야생 고들빼기는 쓴맛이 강해서 소금물에 5~7일 정도 삭혀야 하지만 하우스에서 재배한 것은 하루 정도만 우려내도 된다. 소금에 절이면 질겨지므로 물에만 담글 것.

고사리

사철 내내 이용할 수 있는 고마운 나물

초봄, 산에 지천으로 자라는 고사리순은 쓰임새가 많은 나물로, 잔칫상과 제사상에 빠지지 않고 오른다. 새순은 나물이나 국거리로 이용하고, 가을에 캔 고사리는 햇볕에 말려 주로 약으로 쓴다. 사철 내내 보관할 수 있으며, 말린 것을 물에 불려 볶아 먹으면 맛있다. 예부터 고사리를 가리켜 피를 맑게 하고 머리를 깨끗하게 해 주는 식품이라 했을 정도로 고사리에는 칼슘과 칼륨, 인 등의 무기질이 풍부하다. 단백질과 지방, 당질, 섬유소 함량도 풍부한 편이다. 민간에서는 고사리 뿌리 달인 물을 이뇨와 해열에 이용하고, 장염과 설사에는 잎과 뿌리를 태워 가루로 장복한다. 하지만 고사리에는 미량이지만 발암 성분인 브라켄톡신(bracken toxin)과 아네우리나아제(aneurinase)라는 비타민 B_1 파괴 효소가 들어 있으므로 삶아서 물에 담가 독소를 제거하고 이용해야 한다. 하지만 일반적으로 먹는 양 정도로는 걱정할 필요가 없다.

고사리 알고 먹기

고르기 줄기가 짧고 끝부분이 말려 있는 어린 싹을 고른다. 말린 것은 연한 갈색을 띠고 섬유질이 연해야 한다.

기본 손질 줄기 끝의 억센 부분은 잘라내고 소금물에 담그거나 삶아서 이용한다. 말린 고사리는 따뜻한 물에 담갔다가 삶아서 이용한다.

보관 방법 바로 먹을 것은 젖은 신문지에 싸거나 데쳐서 물에 담근 상태로 냉장고에 넣는다. 4~5월경에 생고사리를 구입하여 끓는물에 데쳐 햇볕이 좋을 때 바싹 말리면 장기 보관이 가능하다.

영양 성분 단백질과 비타민B_2가 풍부하고 섬유소가 많이 들어 있다. 말린 고사리는 비타민D 함량도 높다.

포인트 나물을 무칠 때 아미노산이 풍부한 국간장과 소금을 함께 넣으면 감칠맛이 나고 색감도 좋아진다.

고사리간장장아찌

재료 불린 고사리 500g **달임장** 간장·물 각 1컵, 설탕·식초 각 1/2컵, 마늘 5쪽, 대파 1뿌리, 청양고추 3개 **양념** 다진 파, 다진 마늘, 설탕, 깨소금, 참기름 적당량

1 고사리는 끓는물에 삶아 물에 헹구어 물기를 제거한 뒤 꾸덕꾸덕하게 말린다. **2** 달임장을 넣고 끓여서 건더기만 건져내고 장은 식힌다. **3** 용기에 고사리를 넣고 달임장을 부어 돌로 눌러둔다. **4** 2~3개월 뒤에 먹을 만큼만 덜어 갖은 양념에 무쳐 먹는다.

※ 맛보기 : 부드러우면서도 새콤한 고사리가 입맛을 개운하게 해 준다.

고추

식욕을 자극하고 소화를 돕는 매운맛의 원천 캡사이신이 가득

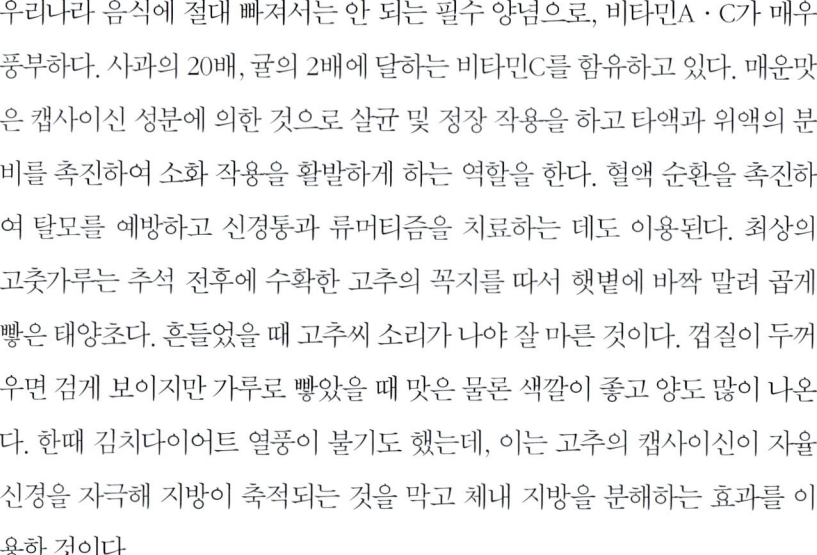

우리나라 음식에 절대 빠져서는 안 되는 필수 양념으로, 비타민A·C가 매우 풍부하다. 사과의 20배, 귤의 2배에 달하는 비타민C를 함유하고 있다. 매운맛은 캡사이신 성분에 의한 것으로 살균 및 정장 작용을 하고 타액과 위액의 분비를 촉진하여 소화 작용을 활발하게 하는 역할을 한다. 혈액 순환을 촉진하여 탈모를 예방하고 신경통과 류머티즘을 치료하는 데도 이용된다. 최상의 고춧가루는 추석 전후에 수확한 고추의 꼭지를 따서 햇볕에 바짝 말려 곱게 빻은 태양초다. 흔들었을 때 고추씨 소리가 나야 잘 마른 것이다. 껍질이 두꺼우면 검게 보이지만 가루로 빻았을 때 맛은 물론 색깔이 좋고 양도 많이 나온다. 한때 김치다이어트 열풍이 불기도 했는데, 이는 고추의 캡사이신이 자율신경을 자극해 지방이 축적되는 것을 막고 체내 지방을 분해하는 효과를 이용한 것이다.

고추 알고 먹기

고르기 싱싱하고 끝이 둥근 것이 과피가 두껍고 연하다. 풋고추는 만져 보았을 때 단단한 것이 대체로 맵다.

기본 손질 흐르는 물에 여러 번 씻어서 꼭지를 떼어내고 뾰족한 끝부분을 잘라낸 뒤 요리에 이용한다. 잔류 농약이 흘러내려 끝부분에 맺혀 남아 있기 때문이다.

보관 방법 말린 고추는 씨를 빼놓으면 오랫동안 보관할 수 있다. 풋고추는 신문지에 싸서 냉장고에 넣으면 일주일 정도 보관 가능하다.

영양 성분 비타민B1과 카로틴이 풍부하다. 비타민A·C도 풍부해 칼슘의 흡수를 돕고 위액 분비를 촉진하며 혈액 순환을 도와준다.

포인트 조림용에는 꽈리고추를, 날로 먹을 때는 풋고추를 주로 이용한다. 볶을 때는 단시간에 조리해야 변색과 영양분이 손실되는 것을 막을 수 있다.

고추간장장아찌

재료 풋고추 1kg **달임장** 간장 3.5컵, 설탕 2.5컵, 식초 3/4컵, 물 1.5컵, 소주 1/2컵 **무침 양념** (풋고추 100g 기준) 다진 파 1/2작은술, 다진 마늘 1/2작은술, 깨소금 1작은술, 참기름 1작은술

1 상처 나지 않은 깨끗한 풋고추를 준비하여 깨끗이 씻은 뒤 꼭지를 1cm 정도 남기고 자른다. **2** 양념이 속까지 잘 배도록 바늘로 구멍을 2~3군데 정도 뚫은 뒤 채반에 넣어 물기를 제거한 뒤 용기에 차곡차곡 담는다. **3** 달임장을 끓여 식힌 뒤 고추에 붓는다. **4** 떠오르지 않게 무거운 것으로 눌러 두고 2~3일 뒤에 달임장만 따라내어 끓여서 식힌 다음 2~3회 정도 다시 붓기를 한다. **5** 먹을 만큼만 덜어 그냥 먹거나 잘게 썰어서 갖은 양념에 무쳐 먹는다. 여름철 끝물에 나오는 작은 풋고추로 담그면 훨씬 맛있다.

※ 맛보기 : 맵지 않은 풋고추의 아삭아삭한 식감과 짭쪼름한 맛이 어우러진 밑반찬

장아찌 담그기

곰취

산속에 사는 곰의 입맛까지 사로잡은 나물

곰취는 엉거시과에 속하는 식물로, 참취·개미취·미역취·수리취 등 '취' 자가 붙은 산나물 중에서도 대표적인 것이다. 4~6월이 제철로 이때 캔 것이 가장 맛있고 영양 효과도 뛰어나다. '곤달비'라는 별명으로도 불리는데, 산속에 사는 곰이 좋아하는 나물이라는 뜻에서 '곰취'라는 이름이 붙었다. 곰취는 취나물 가운데서도 잎이 가장 크다. 주로 쌈을 싸 먹거나 삶아서 말리거나 소금에 살짝 절여 나물로 먹거나 장아찌로 만들어 저장해 두고 먹는다. 취나물은 성질이 따뜻해서 혈액 순환을 촉진하고 근육통과 관절통에 효과를 나타낸다. 베타카로틴과 폴리페놀 화합물 같은 미량 원소도 풍부하여 발암 물질의 활성을 억제해 주는 효과도 있다. 산나물의 발암 억제 효과와 암세포 성장 억제 효과가 주목받고 있는 것도 이 때문이다. 칼륨 함량도 매우 풍부하고, 비타민 A도 배추보다 10배나 많이 들어 있다.

곰취 알고 먹기

고르기 봄철에 나오는 참취가 맛과 향이 가장 뛰어나다. 잎과 줄기가 연한 녹색을 띠고 부드러우며 윤기가 나는 것을 고른다.

기본 손질 밑둥을 약간 잘라내고 씻어서 질긴 줄기를 제거한 뒤 물기를 닦아낸다. 말린 취나물은 따뜻한 물에 담가 불려서 삶아 찬물에 헹궈 사용한다.

보관 방법 삶아서 비닐봉지에 물을 자박하게 부어 냉장 보관한다. 오래 보관하려면 데쳐서 물기를 꼭 짠 뒤 냉동 보관하거나 말려서 보관한다.

영양 성분 체내의 염분을 배출해 주는 칼륨이 풍부하여 신장병이나 고혈압, 동맥경화, 춘곤증 등을 예방하는 데 효과가 좋다.

포인트 들깨가루를 약간 넣어 볶으면 단백질과 지방이 첨가되어 영양적으로 더욱 우수해진다.

곰취간장장아찌

재료 생 곰취잎 500g **달임장** 간장·물 각 1컵, 식초·설탕·물엿 각 1/2컵, 매실액 3큰술

1 곰취를 손질하여 끓는 물에 소금을 넣고 삶아 찬물에 헹구어 햇볕에 꾸덕꾸덕 말린다. **2** 달임장을 끓여서 식힌다. **3** 곰취를 밀폐 용기에 담은 뒤 달임장을 붓고 곰취가 떠오르지 않도록 돌로 눌러 놓아 숙성시킨다. **4** 먹을 만큼만 덜어 먹는다. **5** 기호에 따라 다진 파, 마늘, 참기름 등으로 양념해 먹어도 좋다.

※ 곰취 생것으로 장아찌를 담글 때는 달임장을 3일, 일주일, 열흘 간격으로 따라내어 다시 끓여 식혀서 붓는 것을 3회 정도 반복한다. 달임장의 짠맛 정도는 기호에 맞게 조절한다.
※ 맛보기 : 아삭아삭 씹히는 식감과 특유의 향이 산야초의 매력을 느끼게 해 주는 장아찌

김

갑상선 호르몬의 주원료가 되는 요오드가 풍부

김, 다시마, 미역, 한천, 해파리 등의 해조류는 칼슘과 요오드가 풍부한 알칼리성 식품이다. 해조류는 칼륨, 칼슘, 인, 철 등의 성분이 풍부해 골다공증 예방에 훌륭한 예방으로 꼽힌다. 요오드는 미네랄 중에서도 가장 결핍되기 쉬운 미량 영양소로, 인체의 모든 생리 대사를 관여하는 갑상선 호르몬의 주원료다. 콜레스테롤 수치와 혈당, 혈압을 낮추고 항산화 효과도 발휘한다. 그중에서도 김은 얕은 바다에 이끼처럼 붙어 사는 홍조류로, 전남 완도 지방에서 생산된 것을 최고로 친다. 12월 말에서 3월에 이르는 기간이 채취기로, 채소를 구하기 힘든 겨울철에 비타민 공급원 역할을 한다. 김 한 장에는 달걀 2개에 해당하는 비타민A가 들어 있고, 비타민B_1·B_2·C·D도 풍부하다. 좋은 김일수록 단백질이 풍부한데, 김에 들어 있는 단백질은 다른 식품보다 질이 좋고 소화 흡수가 잘되기 때문에 어린이나 노약자에게 좋다.

김 알고 먹기

고르기 빛깔이 검고 광택이 나며 향기가 좋고 불에 구우면 청록색으로 변하는 것이 상품이다.

기본 손질 잡티를 깨끗이 제거한 뒤 알맞은 크기로 자른다.

보관 방법 김은 습기와 햇볕에 약하다. 공기와 접촉하면 눅눅해지므로 밀폐용기에 보관한다. 먹을 만큼만 잘라서 먹는 것이 가장 좋다.

영양 성분 단백질, 비타민A·B_1·B_2·C, 칼륨, 철분, 인 등의 미네랄이 풍부한 알칼리성 식품으로 체내에서 산성 식품과 균형을 이루게 하고, 우수한 칼슘 공급원 역할을 한다.

포인트 구울 때 지나치게 센 불에 구우면 김이 타서 맛과 향기가 나빠지므로 주의해야 한다. 기름이 번질번질하고 눅눅한 것은 먹지 않는다.

김간장장아찌

재료 김 50장, 생강 채, 마늘 채 **달임장** 간장 2컵, 물엿 1컵, 청주 1/2컵, 물 4컵, 설탕 1컵, 식초 1/2컵, 양파 1개, 생강 1톨, 다시마 10cm, 마늘 10톨, 청양고추 2개, 건표고 2장, 통후추 약간

1 윤기가 나고 얇은 김을 준비하여 10장씩 6등분하여 실로 묶어 둔다. **2** 달임장 재료를 넣고 약한 불에서 조림장이 2/3로 줄어들 때까지 은근히 끓여 식힌다. **3** 손질한 김을 담고 한 묶음에 한 번씩 달임장을 붓고 생강 채와 마늘 채를 켜켜이 넣는다. **4** 15일 정도 지나면 용기를 뒤집어 주어 달임장이 골고루 배게 한다. 한 달 정도 지나면 먹을 수 있다.

※ **맛보기 :** 김의 풍미가 가득한 달콤 짭조름한 장아찌

깻잎

육류와 생선 특유의 냄새를 잡아 주는 향긋한 채소

깻잎으로는 쌈이나 찜, 장아찌 등 입맛을 돋우는 다양한 음식을 만들 수 있다. 비타민A와 B · C · 니아신(niacin)이 풍부하고, 맛과 향이 진하고 고소해 냄새가 강한 육류 요리에 어울린다. 그래서 개고기나 돼지고기, 생선회의 느끼한 맛과 냄새를 없애는 데 주로 이용된다. 《본초강목》에서도 "들깻잎이 어류와 육류가 가진 온갖 독을 죽인다."고 한 것으로 보아 육류 요리나 탕에 깻잎을 넣는 것이 단지 향기 때문만은 아니라는 것을 알 수 있다. 게다가 들깨는 냄새가 강해서 가축들이 싫어하기 때문에 농작물을 보호하기 위해 콩이나 다른 작물과 섞어 심기도 하고, 길가에 근접하여 2~3이랑씩 심어서 가축이 뜯어먹지 못하게 하기도 한다. 씨앗인 들깨를 장복하면 백발이 검어지고 주근깨와 기미가 사라지며 원기가 왕성해진다고 한다. 만성 위염과 기침, 해소, 옻 오른 데, 위산 과다 등에도 효과가 있다.

깻잎 알고 먹기

고르기 지나치게 여린 잎은 쉽게 흐물흐물해지므로 약간 억센 것을 고른다. 중간 크기에 벌레 먹은 데가 없는 것이 좋다.

기본 손질 벌레 먹은 것을 골라낸 뒤 흐르는 물에 까칠한 부분을 비벼 가며 씻어 물기를 뺀다.

보관 방법 종이 타월로 물기를 닦아낸 뒤 비닐봉지에 담아 채소실에 넣으면 일주일 정도 보관할 수 있다.

영양 성분 칼슘과 철분 등의 무기질이 풍부하고 비타민A, B_1, B_2, C, 니아신이 풍부해 영양적으로 매우 우수하다.

포인트 깻잎 특유의 향을 살릴 수 있는 조리법을 선택해 맛과 향을 즐기는 것이 좋다.

깻잎간장장아찌

재료 깻잎 20단(200장) **달임장** 간장 2컵, 물 1컵, 다시마 조각 1장, 마늘 1통 채 썬 것 **양념** 다진 파, 다진 마늘, 설탕, 참기름, 통깨, 붉은 고추 적당량

1 깻잎을 흐르는 물에 한 장씩 씻어서 마른 행주로 잘 닦아 10장씩 묶어 놓는다. **2** 마늘은 곱게 채 썰고, 실고추는 3cm 길이로 잘라 놓는다. **3** 달임장을 끓여서 식힌다. **4** 밀폐 용기에 깻잎 묶음을 한 켜 깐 뒤 그 위에 달임장을 뿌리는 식으로 반복하여 켜켜이 담는다. **5** 깻잎을 돌로 눌러 놓아 달임장에 깻잎이 잠기게 하여 저장한다. **6** 1개월 정도 지나면 먹을 수 있다. **7** 먹을 만큼 덜어 한 장씩 떼어 양념을 얹어 밥 위에 올려 찌거나 중탕으로 익혀서 먹는다.

※ 맛보기 : 깊은 감칠맛이 나는 대중적인 장아찌

냉이

봄나물 가운데 단백질이 가장 풍부

달래 씀바귀와 함께 봄을 대표하는 나물로 봄이 오면 가장 먼저 캐 먹을 수 있다. 데쳐서 나물로 무쳐 먹거나 밥이나 죽에 섞어 구수한 향을 즐기기도 한다. 냉이는 성질이 따뜻하고 맛이 달기 때문에 겨우내 떨어진 입맛을 돋우고 새로운 맛으로 미각을 자극하고 싶을 때 국이나 나물로 요리해 먹으면 좋다. 봄뿐만 아니라 가을에도 캐 먹을 수 있다. 특히 봄나물 가운데 단백질이 가장 풍부해 단백질을 보충하는 데 좋고, 칼슘과 철분 함량도 풍부한 편이다. 춘곤증을 예방하는 데 좋은 비타민A가 풍부하여, 100g만 먹으면 하루에 필요한 비타민A 권장량을 충족할 수 있다. 특히 냉이의 무기질은 끓여도 잘 파괴되지 않는다는 장점이 있다. 한방에서는 소화제나 지사제로 사용할 만큼 위와 장에 좋고, 간의 해독 작용을 돕는 효과도 있다. 소화 기관이 약하고 몸이 허약한 사람, 생리 불순인 사람, 코피가 자주 나는 사람, 간 기능이 떨어져 쉽게 피로를 느끼는 사람이 먹으면 좋다.

냉이 알고 먹기

고르기 잎과 줄기가 작고 뿌리가 너무 단단하지 않은 것을 고른다. 잔털이 많지 않은 것이 좋다.

기본 손질 칼로 뿌리에 묻은 흙과 잔털을 긁어낸 뒤 누렇게 뜬 떡잎을 떼어내고 잎과 줄기 사이를 꼼꼼하게 긁어 흐르는 물에 씻는다.

보관 방법 소금을 약간 넣은 물에 뿌리부터 넣어 삶은 뒤 잎을 데쳐 냉장 보관하면 2~3일 정도는 싱싱하다.

영양 성분 봄나물 가운데 단백질이 가장 많고 칼슘과 철분이 풍부하다. 비타민A · B · C · K가 골고루 들어 있다.

포인트 냉이는 양념 고추장을 곁들여 생으로 먹는 것이 가장 좋다. 초무침뿐만 아니라 김치를 담그거나 국거리, 죽으로도 이용한다.

냉이간장장아찌

재료 냉이 1kg **달임장** 간장·물 각 2컵, 설탕·식초·매실액 각 1컵, 마늘 5쪽, 소주 3큰술, 대파 1뿌리, 마른 고추 3개, 다시마 5cm **양념** 다진 파, 다진 마늘, 설탕, 깨소금 참기름 적당량.

1 냉이는 깨끗이 씻어서 채반에 펼쳐 물기 없이 꾸덕꾸덕하게 말린다. **2** 달임장을 끓여 건더기만 건져내고 장은 식힌다. **3** 용기에 냉이를 넣고 달임장을 부어 무거운 돌로 눌러 둔다. 3~4일, 일주일, 보름 간격으로 달임장만 따라내어 끓여서 식혀 붓기를 3회 반복하여 서늘한 곳에 보관한다. **4** 맛이 들면 양념하여 먹는다.

※ 맛보기 : 오래된 친구처럼 먹으면 은은한 향이 퍼지는 장아찌

다래순

말려서 오래 달여 차처럼 마시면 신장병에 효과

다래나무, 참다래, 미호도 등으로 불리며, 산지에 흔히 자라는 덩굴식물이다. 부드러운 잎은 나물이나 즙으로 이용하고, 장과(漿果)는 생식하거나 말리거나 꿀에 담가 먹는다. 민간에서는 열매와 줄기, 뿌리 등을 진통이나 풍질, 풍습, 허냉, 강장 등에 약으로 쓰고, 한의학에서는 진해제·거담제·진통제·활혈제·이뇨제·두통 및 현기증 치료제 등으로 처방한다. 《약초건강(藥草健康)》에 의하면 "다래덩굴의 가지를 쪼개어 잘게 썬 것에 물을 붓고 차를 끓이듯 오래 달여 차처럼 마시면 신장병에 좋은 효과를 볼 수 있다."고 했다. 다래잎 20g 정도에 물을 붓고 끓여서 수시로 차처럼 마시면 목 통증을 동반한 감기에 효과를 볼 수 있다. 다래는 술로도 담가 먹는데, 건강에도 좋지만 맛과 향이 매우 탁월하다. 하지만 다래순에는 식중독을 일으키는 독성분이 미량 함유되어 있으므로 반드시 끓는물에 데쳐서 독성을 제거한 뒤에 먹어야 한다.

다래순 알고 먹기

고르기 잎이 깨끗하고 여린 것이 좋다. 선명한 색을 띠는 것을 골라야 한다.

기본 손질 억센 줄기는 떼어내고 여린 잎과 줄기만 이용한다.

보관 방법 양파 자루에 넣어서 통풍이 잘되는 곳에 보관하거나 밀봉하여 냉동 보관한다. 말릴 때는 가능하면 물에 헹구지 말고 말리는 것이 좋다.

영양 성분 비타민C와 탄닌(tannin)이 풍부해서 피로를 풀어 주고 불면증과 괴혈병에 효과를 나타낸다.

포인트 다른 나물과 달리 다래순은 묵나물로만 먹을 수 있다. 채취한 것을 말려서 뜨거운 여름과 차가운 겨울을 모두 견딘 뒤 정월대보름에 먹어야 제맛이 난다.

다래순간장장아찌

재료 불린 다래순 묵나물 500g **달임장** 간장·설탕 각 1컵, 물 2컵, 식초·매실액 각 1/2컵 **갖은 양념** 다진 파, 다진 마늘, 설탕, 깨소금, 참기름 적당량

1 따뜻한 물에 5~6시간 정도 불린 다래순을 삶아서 하룻밤 정도 찬물에 담가 쓴맛을 제거한다. 2 다래순을 채반에 펼쳐 꾸덕꾸덕하게 말린다. 3 달임장 재료를 넣고 약한 불에서 서서히 끓여 식힌다. 4 다래순에 양념이 잘 배도록 조물조물 무쳐 다시 꾸덕꾸덕해질 때까지 말린다. 5 다래순을 용기에 담고 매실액을 부어 돌로 누른 뒤 달임장에 재료가 잠기게 하여 저장한다. 6 먹을 만큼만 덜어 갖은 양념에 무쳐 먹는다. 특별한 양념을 하지 않아도 맛이 깔끔하고 맛있다.

※ 맛보기 : 새콤달콤하고 부드러운 장아찌

달래

된장과 환상적인 맛의 궁합을 보여주는 봄나물

봄에는 인체의 신진대사 기능이 활발해져 각종 영양소의 섭취가 더욱 요구된다. 특히 비타민 소모량이 겨울보다 3~10배 정도 증가하기 때문에 비타민C를 충분히 섭취해야 한다. 봄나물에는 신진대사를 원활하게 하여 기력을 회복시키고 면역력을 높여 주는 성분이 풍부하다. 그중에서도 달래는 냉이와 함께 봄을 대표하는 나물로, 작고 귀여운 모습이 매우 앙증맞다. 연한 것은 잎과 알뿌리를 그대로 양념에 무쳐 상큼한 맛을 즐기고, 굵고 매운맛이 강한 것은 된장찌개에 넣어 개운하면서도 향긋한 맛을 즐긴다. 무엇보다 비타민A · C와 칼슘이 풍부해 피로를 풀어 주고 춘곤증을 물리치는 효과가 뛰어나 나른해진 봄철에 미각을 돋우는 데 최고다. 비타민C의 효과를 누리기 위해서는 생으로 먹는 것이 좋다. 생리 불순이나 자궁 출혈 등 부인과 질환에 효과가 뛰어나 여성에게 좋은 식품으로 꼽히며, 소화제나 가래약으로도 좋은 효과를 발휘한다.

달래 알고 먹기

고르기 줄기와 뿌리를 식용한다. 알뿌리는 하얗고, 줄기는 푸르고 싱싱한 것을 고른다.

기본 손질 알뿌리의 얇은 껍질을 벗긴 뒤 수염뿌리를 하나씩 흐르는 물에 씻는다.

보관 방법 오래 두면 독특한 향이 약해지고 질겨지므로 주의해야 한다. 알뿌리만 있는 은달래는 달래에 비해 매운맛이 강하고 쉽게 무르지 않아 오래 보관할 수 있다.

영양 성분 칼슘과 비타민A · C가 풍부하다. 마늘에 들어 있는 알리신도 함유하고 있다.

포인트 달래의 둥글고 하얀 뿌리는 향취가 독특하여 된장에 찍어 먹거나 된장국에 넣으면 개운하다.

달래간장장아찌

재료 달래 1kg **달임장** 간장·물 각 2컵, 설탕·식초·매실액 각 1컵, 마늘 5쪽, 소주 3큰술, 대파 1뿌리, 마른 고추 3개, 다시마 5cm **양념** 다진 파, 다진 마늘, 설탕, 깨소금 적당량

1 달래는 흰 머리 부분을 문질러 씻어 소금에 살짝 절인 뒤 채반에 펼쳐 꾸덕꾸덕하게 말린다. **2** 달임장을 끓여 건더기만 건져내고 장은 식힌다. **3** 용기에 달래를 넣고 달임장을 부어 무거운 돌로 눌러 둔다. 3~4일, 일주일, 보름 간격으로 달임장만 따라내어 끓여서 식혀 붓기를 3회 반복하여 서늘한 곳에 보관한다. **4** 1개월 정도 지나면 먹을 수 있다. 먹을 만큼만 꺼내어 참기름을 넣지 않고 양념하여 먹는다.

※ 맛보기 : 고기 요리와 잘 어울리는 장아찌

달맞이꽃 & 돌나물

낮에 태양 아래서는 오므라들었다가 밤이 되면 피는 특성을 가지고 있어 달을 맞이하는 꽃이라 하여 '달맞이꽃'이라는 이름이 붙었다. 씨앗의 영양효과가 큰데, 특히 여성에게 좋아 생리 전 증후군을 예방하고 완화해 주는 효능이 있다. 모유가 수월하게 나오게 해 주기 때문에 젖을 먹이는 수유부에게도 좋다. 씨앗의 감마리놀렌산이 콜레스테롤 수치를 낮추어 순환기 질환과 심장 질환을 예방해 준다. 겨울을 지나고 난 이른 봄이나 장마 지나간 뒤 들판에서 새로 자라난 연한 순을 채취해 나물로 활용한다.

돌나물은 특유의 향기를 가지고 있어서 생채나 겉절이로 만들어 먹으면 맛있다. 샐러드로 먹으면 아삭아삭한 식감을 그대로 느낄 수 있다. 비타민과 무기질이 골고루 들어 있는데 특히 비타민A와 C와 칼슘이 풍부하여 항암 작용을 한다. 모든 체질에 유익한 식품으로, 겨우내 움츠렸던 세포에 활기를 준다.

달맞이 & 돌나물 알고 먹기

고르기 돌나물은 잎이 무르지 않고 형태가 뾰족하고 통통한 것이 좋다. 달맞이꽃은 꽃대가 올라오기 전 연한 순을 포기채 채취한다.

기본 손질 돌나물은 조직이 연하므로 그릇에 물을 받아 가볍게 씻어야 한다. 달맞이꽃은 잎을 한 장씩 따서 씻은 뒤 물기를 제거한다.

보관 방법 비닐 팩에 담아 냉장 보관하면 2~3일 정도 두고 먹을 수 있다.

영양 성분 돌나물은 비타민C와 인산이 풍부하고 새콤한 신맛이 입맛을 돋워 주어 식욕을 촉진한다.

포인트 돌나물에는 비타민이 풍부하므로 육류와 함께 먹으면 좋고 달맞이는 물기를 제거한 뒤 고추장, 된장, 소금 등에 무쳐 먹으면 맛있다.

달맞이꽃&돌나물간장장아찌

재료 달맞이꽃잎 500g, 돌나물 500g, 소금 약간 **달임장** 간장 2.5컵, 물 2컵, 설탕·매실액 각 1컵 식초 1/2컵 마늘 5쪽, 소주 2큰술, 대파 1뿌리, 마른 고추 2개, 다시마 5cm **양념** 다진 파, 다진 마늘, 설탕, 깨소금, 참기름 적당량

1 달맞이꽃잎은 끓는물에 소금을 넣고 살짝 데쳐서 찬물에 헹궈 물기를 제거한 뒤 채반에 말린다. 돌나물은 소금을 살짝 뿌려 절였다가 헹구어 꾸덕꾸덕하게 말린다. **2** 달임장을 끓여서 건더기만 건져내고 장은 식힌다. **3** 용기에 ①을 각각 다른 망에 넣고 달임장을 부은 뒤 무거운 돌로 눌러 둔다. 3~4일, 일주일, 보름 간격으로 달임장만 따라내어 끓여서 식혀 붓기를 3회 반복하여 서늘한 곳에 보관한다. **4** 먹을 만큼만 덜어 갖은 양념에 무쳐 먹는다.

※ 맛보기 : 사각사각 씹히는 조직감으로 입맛을 사로잡는 장아찌

닭의장풀

순하고 연한 맛으로 풋풋함을 안겨 주는 봄채소

달개비, 닭의 밑씻개 등의 이름으로도 불리며, 닭장 근처에서 잘 자란다 하여 닭의장풀이라는 이름이 붙었다. 워낙 번식력이 왕성하여 길가나 풀밭, 냇가의 습지에서도 잘 자라고, 맛이 순하고 많이 먹어도 해로움이 없으며 봄부터 가을까지 식용할 수 있다. 전초를 이용하는데, 주로 봄과 여름에 연한 잎과 줄기를 채취하여 삶아서 나물로 무쳐 먹는다. 여름에 줄기와 잎을 말려 두었다가 차 대용으로 끓여 마셔도 좋다. 맛과 향이 자극적이지 않고 질감이 연해서 싱싱한 생잎 그대로 초고추장이나 된장에 찍어 먹거나 녹즙 재료로 이용하면 풋풋한 맛을 느낄 수 있다. 소변 불리, 간염, 콩팥염, 자궁 출혈 등에도 처방한다. 꽃이 필 무렵에 채취하여 말린 것을 잘게 썰어 끓여 수시로 마시면 당뇨병에 효과적이라는 실험 결과가 나와 있다. 화상을 입었을 때는 생잎의 즙을 내어 바르고, 꽃의 푸른색 염료는 종이를 염색하는 데 쓴다.

닭의장풀 알고 먹기

고르기 6~9월 사이에 계속해서 피고 진다. 풀 자체가 연한 편이지만 상부의 것을 주로 채취한다.

기본 손질 나물로 먹을 것은 데쳐서 물에 우렸다가 이용한다.

보관 방법 생잎은 신문지에 싸서 비닐이나 밀폐용기에 넣어 냉장 보관한다.

영양 성분 한방에서는 압척초(鴨杓草)라 하여 약재로 쓰는데, 열을 내리고 독을 풀어 주는 효과가 뛰어나고 이뇨 작용을 한다.

포인트 닭고기나 조갯살과 함께 조리해 먹으면 더욱 맛있다.

닭의장풀간장장아찌

재료 닭의장풀 500g **달임장** 간장·물 각 1컵, 설탕·식초·매실액 각 1/2컵, 마늘 5쪽, 소주 2큰술, 대파 1뿌리, 마른고추 2개, 다시마 5cm **양념** 다진 파, 다진 마늘, 설탕, 깨소금, 참기름 적당량

1 손질한 닭의장풀을 끓는물에 살짝 데쳐 찬물에 헹군 뒤 물기를 제거하고 채반에 널어 꾸덕꾸덕하게 말린다. **2** 달임장을 넣고 끓인 뒤 건더기만 건져내고 장은 식힌다. **3** 닭의장풀을 용기에 담고 달임장을 부어 돌로 눌러 둔다. 3~4일, 일주일, 보름 간격으로 달임장만 따라내어 끓여서 식혀 붓기를 3회 반복하여 서늘한 곳에 보관한다. **4** 먹을 만큼만 덜어 갖은 양념에 무쳐 먹는다.

※ 맛보기 : 부드럽게 씹히는 유순한 느낌이 매력인 장아찌

대추 음양을 조화시키는 부부 화합의 묘약

대추는 강정·보양 효과가 뛰어나고 음양을 조화시키는 식품으로, 부부 화합의 묘약이다. 대추밥, 대추인절미, 대추전병, 약밥 등으로 다양하게 이용된다. 약재로도 귀하게 쓰이는데, 쇠약한 내장을 회복시켜 주어 영양소의 공급을 원활하게 해 주는 한방 생약으로 산후 바람, 불면증, 신경통, 감기, 장수 보양 등에 좋다. 더위를 먹었을 때는 잎을 따서 찧은 것을 물에 타 마시면 효과가 좋고, 산후 복통에는 씨를 달여 마시면 효과가 있다. 기침이 심할 때는 씨를 뺀 대추 20개를 미지근한 우유에 담갔다가 하나씩 씹어 먹으면 효과를 볼 수 있다. 피부의 각질을 제거하고 내피에 수분을 보충해 주며 탄력을 높여 주고 모세혈관을 확장시켜 피부 결을 건강하게 유지해 주는 사포닌도 들어 있다. 비타민B·C와 칼슘, 철분의 좋은 공급원이기도 하다.

대추 알고 먹기

고르기 알의 크기가 큰 것이 좋다. 주름이 고르고 쪼글쪼글하게 잘 말라 있고 눌러 보아 탄력이 있는 것을 고른다.

기본 손질 주름 사이에 먼지나 이물질을 깨끗이 제거한다.

보관 방법 1차 건조된 것이지만 자체에 수분이 남아 있어서 썩을 수 있으므로 서늘하고 습기가 적은 곳에 보관한다. 비닐봉지나 밀폐 용기에 담아 냉장고에 넣으면 오랫동안 보관할 수 있다. 생대추는 진공 포장을 하거나 비닐 팩에 넣어 냉장 보관하면 한 달 정도 보관할 수 있다.

영양 성분 다른 과일에 비해 당질 함량이 월등히 높아 말려서 저장해 두고 구황 식량과 군량으로도 많이 이용했다.

포인트 대추는 온갖 약의 성질을 조화시켜 준다.

대추간장장아찌

재료 대추 600g **달임장** 간장·물 각 2컵, 식초·설탕 각 1컵, 물엿 1/2컵. 청주 5큰술, 월계수 잎 1장, 마늘 5쪽, 대파 1뿌리 **양념** 다진 파, 다진 마늘, 설탕, 깨소금, 참기름 적당량

1 대추는 젖은 수건으로 하나씩 닦아서 씨를 제거하고 반으로 갈라 용기에 담아 놓는다. 돌려 깎아 씨를 빼고 돌돌 말아 실로 묶어 대추를 통으로 담기도 한다. **2** 달임장을 끓여 식힌 뒤 대추에 붓고 떠오르지 않게 돌로 눌러 놓는다. **3** 한 달 정도 지나면 먹을 수 있다. 먹을 만큼만 덜어 갖은 양념에 무쳐 먹는다. 술안주나 반찬으로 이용해도 좋다. **4** 한두 달 뒤에 꺼내어 체에 받쳐 수분을 뺀 뒤 망사 주머니에 넣어 고추장에 박아 2개월 정도 더 숙성하면 또 다른 맛을 느낄 수 있다.

※ 맛보기 : 달착지근한 대추 살의 부드러움이 어린이와 노인의 입맛까지 사로잡는다.

더덕 <small>쌉쌀하고 들큰한 맛에 독특한 향취가 매력</small>

쌉쌀하고 들큰한 맛에 독특한 향취가 으뜸인 더덕은 한방에서는 사삼(沙蔘) 또는 백삼(白蔘)이라 하여 오래 전부터 식용과 약용으로 두루 써 왔다. 도라지와 비슷하지만 도라지보다 향이 좋고 살이 연해 훨씬 귀한 대접을 받았다. 섬유질이 억세고 물기가 적어 씹는 맛이 좋고, 오래 씹을수록 특유의 향이 배어 나온다. 좋은 더덕은 껍질을 벗기면 섬유결이 일어난다. 뿌리에는 섬유질을 비롯해 칼슘, 인, 철분 등의 무기질과 비타민이 풍부하다. 사포닌과 이눌린(inulin)이 들어 있어서 핏속의 콜레스테롤과 지질 함량을 줄이고 혈압을 낮춰 준다. 허약해진 위를 튼튼하게 하고 정력을 증강시켜 주며 월경 불순을 다스리는 작용도 한다. 잘랐을 때 나오는 하얀 진액이 사포닌이다. 어린잎은 살짝 데쳐서 무치거나 생으로 잘게 썰어 무침이나 볶음밥, 부침개에 넣어 먹으면 좋다. 큰 잎은 말려서 차로 마시면 피로와 스트레스를 해소하는 데 효과를 볼 수 있다.

더덕 알고 먹기

고르기 잔뿌리가 적고 몸체가 쭉 뻗은 것으로, 희고 향이 좋으며 속에 심이 없는 것이 좋다.

기본 손질 옆으로 돌려가며 껍질을 벗겨 소금물에 담가 아린 맛을 제거한다. 껍질은 물에 불리거나 끓는물에 잠시 넣었다가 빼서 벗기면 잘 벗겨진다.

보관 방법 흙이 묻어 있는 그대로 신문지나 랩에 싸서 냉장 보관하거나 땅속에 묻어 둔다.

영양 성분 칼슘, 인, 철분, 사포닌, 이눌린 등이 풍부하여 핏속의 콜레스테롤을 제거하고 지질 함량을 낮춰 준다.

포인트 더덕을 손질할 때는 반으로 갈라 펴서 방망이로 두들겨 살을 부드럽게 한 뒤에 요리에 이용한다.

더덕고추장(된장)장아찌

재료 더덕 300g, 고추장(된장) 600g **양념** 설탕, 깨소금, 참기름 적당량

1 통더덕을 준비하여 껍질을 벗긴 뒤 방망이로 자근자근 두드린다. 2 더덕을 끓는 소금물에 데쳐 7cm 길이로 잘라 끝을 다듬은 뒤 채반에 펴서 꾸덕꾸덕하게 말린다 3 항아리에 고추장(된장)을 깔고 더덕과 고추장(된장)을 켜켜이 넣은 뒤 마지막에 고추장(된장)을 충분히 덮어 3개월 간 숙성시킨다. 4 더덕에 장물이 배고 맛이 들면 항아리에서 꺼내어 고추장(된장)을 훑어낸 다음 길이대로 찢는다. 5 양념하지 않고 그대로 먹어도 좋고 깨소금, 설탕, 참기름으로 양념해 먹어도 맛있다.

※ 맛보기 : 더덕 특유의 향이 살아 있어 예부터 귀하게 여겨져 온 장아찌

두릅
봄나물의 최고로 꼽히는, 두릅나무의 어린순

두릅은 봄에 나오는 두릅나무의 어린순으로, 봄나물의 최고로 꼽힌다. 봄에만 잠깐 나오기 때문에 시기를 놓치면 맛있게 먹을 수 없다. 길이가 짧고 잎이 피지 않은 연한 것이 가장 맛있다. 주성분인 당질을 비롯해 양질의 단백질과 비타민C가 풍부하고 칼슘, 칼륨, 타닌산 등의 성분이 들어 있다. 혈액 순환을 촉진할 뿐만 아니라 당뇨병·위장병·신장병·신경 쇠약증 등에도 효과를 나타낸다. 껍질을 '총목피'라 하여 당뇨나 신장염, 위궤양 등에 약재로 쓰고 잎과 뿌리, 열매는 건위제로 쓴다. 떫고 쓴맛을 내는 사포닌 성분도 들어 있어서 혈액 순환을 촉진하고 피로를 풀어 준다. 정신적으로 피로하거나 불안한 사람, 공부하는 학생이 먹으면 머리가 맑아지고 잠도 편하게 잘 수 있다. 신장이 약하거나 만성 신장병으로 몸이 붓고 소변을 자주 보는 사람에게 좋고, 열량이 낮아 당뇨병 환자의 혈당치를 낮춰 주고 허기를 막아 준다.

두릅 알고 먹기

고르기 크기가 작으면서도 굵고 크기가 일정한 것을 고른다. 빛깔이 선명하고 물기를 머금고 있는 것이 싱싱하다. 이른봄에 나온 어린 싹이 맛있다.

기본 손질 밑둥을 감싸고 있는 나무 껍질 같은 것을 떼어낸 뒤 물에 씻는다.

보관 방법 스프레이로 물을 뿌린 뒤 신문지에 싸서 냉장고 채소실에 보관한다. 시들시들해진 두릅은 데쳐서 비닐봉지에 넣어 둔다.

영양 성분 채소 가운데 단백질 함량이 높고 단백질을 구성하는 아미노산 조성이 좋다.

포인트 두릅을 데칠 때는 조금 단단한 밑둥 부분을 먼저 넣어 숨을 죽여야 전체적으로 잘 익는다.

두릅간장장아찌

재료 두릅 1kg **달임장** 간장 2컵, 액젓 1/2컵, 물 3컵, 설탕·식초 각 1/2컵, 다시마 10cm, 마늘 10쪽, 대파 1뿌리, 마른 고추 3개 **양념** 다진 파, 다진 마늘, 설탕, 깨소금, 참기름 적당량

1 소금물에 두릅을 넣고 데쳐서 찬물에 헹군 뒤 끝부분의 껍질을 벗긴다. **2** 마른 행주를 이용해 두릅의 물기를 닦아 채반에 널어 꾸덕꾸덕하게 말린다. **3** 달임장을 끓여 식힌 뒤 두릅에 붓고 무거운 돌로 눌러 놓는다. **4** 먹을 만큼만 덜어 갖은 양념에 무쳐 먹는다.

※ 맛보기 : 잎은 부드럽고 줄기는 서걱거리는 두 가지 질감을 가진 장아찌

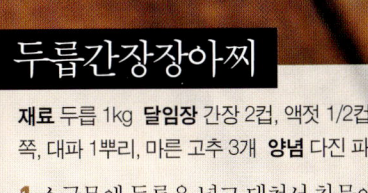

둥굴레

아무리 먹어도 부작용이 없는 상약(上藥)

구수한 맛 때문에 차로 많이 이용되는 둥굴레는 소화 장애를 일으키지 않아 아무리 오래 먹어도 부작용이 없는 자연 약재다. 단맛이 나고 점액질이 풍부해 예전에는 구황 식품으로 이용되기도 했다. 뿌리가 땅 속 깊이 뻗지 않기 때문에 채취하기도 쉽다. 예부터 노화를 방지하고 체력을 증강시키며 자양 강장을 돕는 데 이용해 왔으며, 중추신경을 진정시켜 주는 사포닌 성분이 들어 있어 인삼 대용으로 쓰이기도 했다. 손발이 차고 저리거나 근육 경련 또는 수면 중에 눈꺼풀이 떨리는 증상이 있을 때, 열병으로 폐와 위장이 건조하고 열이 날 때 처방해도 효과를 볼 수 있다. 어린 싹과 잎, 꽃은 데쳐서 주로 나물로 먹으며, 조림이나 튀김, 볶음으로 이용하기도 한다. 생뿌리는 녹즙으로 이용하고 삶아 먹거나 전분을 만드는 데 이용한다. 뿌리를 밥에 넣어 찌거나 구워 먹으며 구수하고 들큰하면서도 감칠맛을 즐길 수 있다.

둥굴레 알고 먹기

고르기 이른봄에서 늦가을에 걸쳐 나오는 벌레 먹지 않은 둥굴레의 어린 싹과 꽃, 연한 잎을 채취한다.

기본 손질 물에 깨끗이 씻어 채반에 널어 물기를 제거한다. 뿌리 줄기를 이용할 때는 땅에서 캐어 물에 깨끗이 씻은 뒤 김에 쪄서 말린다.

보관 방법 비닐 팩에 넣어 냉장 보관한다.

영양 성분 부신 피질 호르몬 역할을 하여 신경통과 관절염에 좋고, 인슐린을 조절해 당뇨를 개선한다.

포인트 병을 앓고 난 뒤 몸이 허약하거나 기력이 부족할 때 꾸준히 먹으면 좋다.

둥굴레간장장아찌

재료 둥굴레 1kg **달임장** 간장 2컵, 액젓 1/2컵, 물 3컵, 설탕·식초 각 1.5컵, 다시마 10cm, 마늘 1통, 대파 1뿌리, 마른 고추 3개 **양념** 다진 파, 다진 마늘, 설탕, 깨소금, 참기름 적당량

1 둥굴레잎은 흐르는 물에 깨끗이 씻어 한 장씩 마른 행주로 닦아 물기를 제거한다. 2 달임장을 끓여 식힌 뒤 식초를 넣고 식힌다. 3 용기에 둥굴레를 차곡차곡 넣고 달임장을 부어 넓은 돌로 눌러 놓는다. 3~4일, 일주일, 보름 간격으로 달임장만 따라내어 끓여서 식혀 붓기를 3회 반복하여 서늘한 곳에 보관한다. 4 먹을 만큼만 덜어 양념에 무쳐 먹는다.

※ 맛보기 : 잎은 미끄럽고 잎자루는 사각거리는 장아찌

마늘 냄새를 제외하고는 해로울 것이 없는 강장 식품

마늘은 예부터 '일해백리(一害百利)의 식물'로 불려 왔다. 냄새를 제외하고는 백 가지 이로움을 주는 뛰어난 식품이라는 뜻이다. 《본초강목》에서도 "마늘은 강장·강정·식욕 부진·항균·정신 안정·혈압 강하·신경통 등에 효능이 뛰어나다."고 했다. 마늘이 가진 특별한 효능의 비밀은 알리신(allicin)과 스코르디닌(scordinnin)이라는 성분에 의한 것이다. 서양과 유럽에서는 오래 전부터 마늘을 천연 혈압 강하제로 사용해 왔다. 현대인의 3대 질병이라고 하는 암과 심장 질환, 뇌혈관 질환을 예방하고, 그 징후가 있는 사람의 체질을 개선해 주는 효과도 있다. 평소에 2~3쪽을 꾸준히 먹으면 식욕이 촉진되고 소화가 잘되며 혈액 순환이 원활해지는 등 여러 가지 이로운 효과를 볼 수 있다.

마늘 알고 먹기

고르기 쪽이 크고 둥글며 단단한 6쪽 마늘이 좋다. 상부가 열려 있는 것이 꽉 찬 것이다. 껍질은 연분홍색을 띠고 매끄러워야 하며, 대는 말라 있고 겉껍질과 속껍질이 잘 붙어 있는 것이 좋다.

기본 손질 껍질을 벗겨낸 다음 다지거나 채 썰거나 편으로 썰어 각종 요리에 양념으로 쓴다.

보관 방법 통마늘은 망에 담아 바람이 잘 통하는 그늘에 걸어서 보관한다. 깐 마늘은 일주일 내에 이용해야 하고, 다져서 보관할 때는 양파나 설탕을 약간 넣으면 색이 변하지 않고 맛도 순해진다.

영양 성분 주성분은 알리신(allicin)으로 혈액 순환을 촉진하여 면역력을 강화하고 뛰어난 살균 효과를 발휘한다.

포인트 마늘은 익히면 매운맛이 사라지고 맛도 고소해진다. 익혀도 영양 성분의 변화가 없다는 것이 장점이다.

마늘식초장아찌

재료 통마늘 25통(1.8kg), 식초 6컵

1 마늘 껍질을 깐다. **2** 주둥이가 넓은 유리병에 마늘을 넣고 마늘이 잠길 정도로 식초를 붓는다. **3** 유리병의 뚜껑을 꼭 닫은 뒤 열흘 정도 냉장 보관한다. **4** 매운맛이 배어 나온 식초를 따라 버리고 다시 새 식초를 붓는다. **5** 끼니 때마다 1~2쪽씩 먹는다.

※ 마늘장아찌는 소금으로만 간하여 희게 만들거나, 간장을 부어 검게 만드는 방법이 있다. 소금으로 하려면 마늘을 식초물에 담가 삭힌 후 소금과 설탕만을 넣어 맛이 들게 한다. 마늘을 식초에 절이면 특유의 향이 사라지고 식초의 이로운 성분과 작용이 더해져 약효가 더 높아진다.

마늘간장장아찌

재료 통마늘 25통(1.8kg), 식초 6컵, 진간장 3컵, 설탕 1/2컵, 소금 3큰술

1 마늘은 껍질을 두 겹 정도 벗기고 뿌리를 잘라낸다. 마늘 대를 1cm 정도 남기고 잘라서 깨끗이 씻어 물기를 완전히 제거한다. **2** 용기에 마늘을 담고 마늘이 푹 잠기도록 식초를 부어 7~10일 정도 시원한 곳에 보관한다. **3** 열흘 뒤에 식초를 따라내고 진간장, 설탕, 소금을 골고루 섞어 마늘이 잠길 만큼 부어 무거운 것으로 눌러 둔다. **4** 3~4일 뒤에 국물을 따라 끓여서 식혀 붓는 과정을 3~4회 반복한다. 2~3개월 뒤부터 먹을 수 있다.

마늘종

마늘의 효능이 고스란히 담겨 있는 채소

마늘속대 또는 마늘싹이라고도 하는 마늘종은 마늘의 꽃줄기로, 시장에서 흔히 만날 수 있는 식재료다. 마늘의 효능이 고스란히 담겨 있는 식품으로, 마늘 효능의 70%를 가지고 있다. 보통 꽃대가 완전히 자란 마늘의 꽃줄기 부분을 식용하는데, 마늘 특유의 매운맛을 가지고 있으면서도 마늘처럼 맛이 자극적이지 않아 볶음이나 조림 등의 재료로 유용하게 이용된다. 영양 성분을 살펴보면 방향 성분인 유화아릴이 비타민B_{12}의 흡수를 촉진하여 강장·항균·항산화 작용을 하고, 식물섬유 함량도 높아 동맥경화와 암을 예방하고 변비를 해소해 준다. 혈액 순환을 원활하게 하여 몸을 따뜻하게 해 주기 때문에 몸이 차가운 여성이 먹으면 좋다. 비타민C도 풍부해 감기 예방과 피부 미용에도 효과를 발휘한다.

마늘종 알고 먹기

고르기 5~6월이 제철이며 아랫부분이 녹색보다는 흰색을 많이 띠는 것이 좋고, 전체적으로 곧고 잎이 싱싱해야 한다.

기본 손질 시든 부분을 제거하고 깨끗이 씻어서 물기를 뺀 뒤 적당한 크기로 잘라 요리에 이용한다.

보관 방법 신문지에 싸서 냉장고 채소실에 보관한다. 씻어서 물기를 뺀 뒤 적당한 크기로 잘라 냉동실에 넣어 두면 몇 달 뒤에도 먹을 수 있다.

영양 성분 주성분은 단백질, 당질, 비타민B_1, B_2, C, 칼슘, 인, 철분 등이다.

포인트 마늘종장아찌를 담글 때는 너무 짧게 자르지 말고 길이대로 돌돌 말아서 담그는 것이 좋다.

마늘종장아찌

재료 마늘종 500g(1단) **달임장** 물 2컵, 간장 3컵, 식초·설탕·액젓 각 1/2컵, 소금 1컵 **무침 양념** (삭힌 마늘종 50g 기준) 고추장, 고춧가루 1/2큰술, 깨소금 1작은술, 설탕 1/2작은술, 참기름 1/3작은술

1 통통한 마늘종을 준비하여 양 끝을 잘라내고 깨끗이 씻는다. **2** 한 끼 분량씩 묶어서 바람이 잘 통하는 그늘에 말려 물기를 제거한 뒤 용기에 켜켜이 담는다. **3** 달임장을 팔팔 끓여서 식힌 뒤 마늘종에 붓고 떠오르지 않도록 돌로 눌러 놓는다. **4** 한 달 정도 지나면 먹을 수 있다. 노랗게 삭은 마늘종을 꺼내 4~5cm 길이로 썰어 양념에 무쳐 먹는다.

※ 맛보기 : 아삭아삭 씹히는 맛과 마늘 향을 동시에 지닌 장아찌다. 한 달 정도 삭힌 마늘종을 4~5cm 크기로 잘라 꾸덕꾸덕하게 말려 고추장에 넣어두면 '마늘종고추장장아찌'가 된다.

매실
최고의 상처 치료사로 불리는 봄의 상징

매실은 매화나무의 열매로, 6월 중순에서 말경에 나오는 것이 가장 좋다. 보통 수확 시기와 가공 방법에 따라 분류하는데, 가장 흔히 접할 수 있는 초록빛의 청매(靑梅)는 과육이 단단한 상태로 신맛이 강하다. 노랗게 익은 황매(黃梅)는 향기는 좋지만 과육이 물러 흠이 나기 쉽다. 청매를 증기에 쪄서 말린 금매(金梅)는 술을 담그면 빛깔도 좋고 맛도 뛰어나다. 청매 껍질을 벗겨 나무나 풀 말린 것을 태운 연기에 그을려 만든 오매(烏梅)는 빛깔이 까마귀처럼 검다 하여 붙여진 이름이다. 백매(白梅)는 옅은 소금물에 청매를 하룻밤 정도 절여 햇볕에 말려 만드는데, 만들기도 쉽고 먹기도 좋다.

매실을 대표하는 영양소는 구연산과 무기질로, 피로를 풀어 주고 간장을 보호하며 변비를 치료하고 살균 작용을 한다. 당질의 소화 흡수를 촉진하고 더 많은 에너지를 생산하게 해 주는 역할도 한다. 물을 갈아 마셔서 나는 배탈과 식중독에도 효과적이다. '최고의 상처 치료사'라고 불릴 만큼 위와 장의 상처를 낫게 하고 염증을 다스리는 효과가 뛰어나다.

매실 알고 먹기

고르기 알이 단단하고 흠이 없는 깨끗한 것을 고른다.

기본 손질 깨끗이 씻어서 검은 꼭지를 떼어낸다.

보관 방법 장아찌용은 청매를 사용하고 절인 매실은 햇볕에 충분히 말려 수분 함량을 최소화한 뒤에 이용해야 곰팡이가 피지 않는다.

영양 성분 매실의 효능은 구연산을 포함한 각종 유기산과 비타민, 무기질에 의한 것이다. 보통 농축액이나 술, 식초 등으로 가공해 사용하는데, 이렇게 하면 약효도 좋아지고 저장성도 높아진다.

포인트 청매의 과육과 씨에는 독성 물질인 청산 배당체가 들어 있으므로 생으로 먹으면 안 된다.

매실장아찌

재료 매실·설탕 각 1kg, 소금 100g **양념** 다진 파, 다진 마늘, 설탕, 깨소금, 참기름 적당량

1 소금을 넣은 물에 매실을 넣고 씻어서 물기를 거둔다. 2 매실을 바로 세워서 방망이로 꼭지 부분을 톡 치면 갈라지면서 씨와 살이 쉽게 분리된다. 3 매실에 설탕(윗부분 덮을 양을 남겨 둘 것)을 섞어 재운다. 4 설탕이 녹으면 밀폐 용기에 매실을 꼭꼭 눌러 담은 뒤 남은 설탕을 덮어 공기와 접하지 않도록 한다. 5 뚜껑을 덮고 밀봉하여 3개월~1년 정도 숙성시킨 뒤 양념하여 먹는다. 6 양념하지 않고 그냥 먹어도 맛있다.

※ 맛보기 : 사각사각 씹히는 식감과 새콤달콤한 맛이 술안주로 잘 어울리고, 여름철 반찬으로 좋다.

※ 매실과 설탕을 1 : 1 비율로 섞어 10~15일 정도 절였다가 건져 꾸덕꾸덕하게 말린 것을 고추장에 버무려 꿀을 섞어 한 달 정도 실온에 보관하는 방법도 있다.

메꽃
남녀의 성생활과 밀접한 관련이 있는 분홍색 꽃

여름에 나팔꽃 모양의 분홍색 꽃이 낮에만 피었다가 저녁이 되면 시든다. 뿌리줄기를 '메' 또는 '속근근'이라 하여 약재로 이용하거나 어린 잎을 식용한다. 메꽃은 남녀의 성생활과 밀접한 관련이 있는데 남성의 발기부전이나 여성의 불감증에 효과가 있기 때문이다. 그래서 고자화(鼓子花)라고도 부른다. 어린잎은 주로 나물로 무쳐 먹고, 꽃은 맑은 장국을 끓이는 데 넣거나 식초에 무쳐 먹으며, 고구마와 비슷한 뿌리는 밥을 뜸 들일 때 함께 넣어 찌거나 굽거나 튀겨 먹는다. 약효는 씨앗과 꽃, 뿌리줄기에 있는데, 약으로 쓸 때는 탕으로 끓이거나 생즙을 내어 이용한다. 성질이 따뜻하고 맛이 달며 독이 없어서 부담 없이 이용할 수 있다. 호흡기 질환과 신경계 질환을 다스리는 효과가 좋으며, 동의 치료에서는 이뇨제나 해열제, 구풍제 등으로 처방한다. 쇠약해진 기를 보해 주고 몸이 허약한 것을 치료하는 효과도 있다. 민간에서는 당뇨병에 쓰며 설사가 날 때 달여 마신다.

메꽃 알고 먹기

고르기 잎이 진한 녹색을 띠고 벌레 먹은 것이 없으며 싱싱한 것을 줄기채 채취한다.

기본 손질 흐르는 물에 2~3회 씻는다.

보관 방법 잎이 약하므로 채취하여 바로 먹는 것이 좋다. 오래 보관할 것은 데쳐서 말려 두고 묵나물이나 차 대용으로 이용한다.

영양 성분 비타민, 무기질, 당분, 전분 등 기초 영양소가 풍부하여 영양식으로 좋고, 허기질 때 식량 대용으로 이용할 수도 있다.

포인트 메꽃 잎은 병충해가 생기지 않아 녹즙 재료로 좋고, 쓴맛이 많이 나지 않아 생으로 먹거나 쌈으로 먹거나 살짝 데쳐서 양념에 무쳐 먹는다. 꽃은 튀겨 먹는다.

메꽃간장장아찌

재료 메꽃 500g **달임장** 간장·물 각 1컵, 설탕·식초·매실액·물엿 각 1/2컵, 마늘 5쪽, 소주 2큰술, 대파 1뿌리, 마른 고추 2개, 다시마 5cm **양념** 다진 파, 다진 마늘, 설탕, 깨소금, 참기름 적당량

1 메꽃은 끓는물에 소금을 넣고 살짝 데쳐서 찬물에 헹궈 물기를 제거한 뒤 채반에 널어 말린다. 2 달임장을 끓여 건더기만 건져내고 장은 식힌다. 3 용기에 메꽃을 넣고 달임장을 부어 무거운 돌로 눌러 둔다. 3~4일, 일주일, 보름 간격으로 달임장만 따라내어 끓여서 식혀 붓기를 3회 반복하여 서늘한 곳에 보관한다. 4 먹을 만큼만 덜어 갖은 양념에 무쳐 먹는다.

※ 맛보기 : 하트 모양의 잎이 예쁜 장아찌로, 잎이 두텁게 느껴지므로 양념해서 밥 위에 얹어 쪄 먹는다.

명아주
전초를 달여 먹으면 장염에 효과, 시금치의 맛

우리나라 전역의 양지 바른 들과 산, 밭, 길가에서 흔히 볼 수 있는 야생초다. 어린 잎과 열매를 주로 식용하는데, 그늘에 말렸다가 된장국에 넣거나 나물로 볶아 먹으면 맛있다. 나물로 식용할 때는 꽃이 달려 있는 것보다는 잎이 넓고 꽃이 달리지 않은 것이 좋다. 굵은 줄기는 껍질을 벗기고 말려서 지팡이로 쓰는데, 청려장이라 하여 고급 지팡이로 친다. 가볍고 단단해서 잘 부러지지 않는 데다 울퉁불퉁한 모양에서 나오는 자연스러운 기품과 품위까지 느껴진다. 《동의보감》에서는 청려장에 대해 "중풍을 예방하는 효과가 있다."고 적고 있는데, 울퉁불퉁한 표면이 손바닥을 자극해 지압 작용을 하고 혈액 순환을 도와주기 때문인 것으로 보인다. 약효도 뛰어나 전초를 달여서 복용하면 장염에 효과를 볼 수 있고, 설사나 습진, 이질, 천식, 충치, 치통 등에도 효과를 발휘한다. 일사병에 걸리거나 독충에 물렸을 때는 생즙을 찧어 환부에 바르면 효과가 있다. 과잉 섭취하면 피부병이 생길 수 있으므로 주의해야 한다.

명아주 알고 먹기

고르기 4월 말에서 5월 초순에 난 연한 잎을 채취한다.

기본 손질 채취하여 어느 정도 시들면 뒤쪽에 묻은 가루를 손으로 비벼 털어 준다.

보관 방법 오래 두고 먹을 것은 바짝 말리고, 나물용으로 쓸 것은 물에 삶아서 냉장 보관한다.

영양 성분 쓴맛과 냄새가 없고 부드러워서 삶으면 근대나 시금치와 같다. 비타민A · B2 · C 등이 풍부하다.

포인트 생즙을 내어 마시면 특유의 맛과 향을 느낄 수 있다. 콜레스테롤을 억제하는 효과가 있어 장복하면 고혈압과 동맥경화 치료에 효과를 볼 수 있다.

명아주간장장아찌

재료 명아주 500g **달임장** 간장·물 각 1컵, 설탕·식초·물엿 각 1/2컵, 마늘 5쪽, 소주 2큰술, 대파 1뿌리, 마른고추 2개, 다시마 5cm **양념** 다진 파, 다진 마늘, 설탕, 깨소금, 참기름 적당량

1 명아주는 끓는물에 소금을 넣고 살짝 데쳐서 찬물에 헹궈 물기를 제거한 뒤 채반에 널어 꾸덕꾸덕하게 말린다. **2** 달임장을 끓여 건더기만 건져내고 장은 식힌다. **3** 용기에 명아주를 넣고 달임장을 부어 재료가 떠오르지 않도록 무거운 돌로 눌러 둔다. 3~4일, 일주일, 보름 간격으로 달임장만 따라내어 끓여서 식혀 붓기를 3회 반복하여 서늘한 곳에 보관한다. **4** 먹을 만큼만 덜어 갖은 양념에 무쳐 먹는다.

※ 맛보기 : 사각사각 씹히는 소리와 느낌이 식욕을 돋우는 장아찌

무
버릴 것 하나 없는 사계절 웰빙 식품

무의 성질은 서늘하고 맛은 맵고 달며 생것일 때는 차갑지만 익으면 따뜻해진다. 폐열(肺熱)을 식히는 작용이 있어 가래와 기침을 가라앉히고, 수분과 비타민C가 풍부해 기침을 멎게 한다. 껍질에는 무속의 2배 정도 되는 비타민C가 들어 있으므로 깨끗이 씻어서 가능하면 껍질까지 먹는 것이 좋다. 무즙의 매운맛은 살균·항균·항암 작용을 한다. 생선회나 구이 요리에 무즙을 곁들이는 것도 이런 이유다. 무를 썰어 말린 무말랭이에도 비타민과 칼슘, 철, 인 등 미네랄이 풍부한데, 비타민C 함량이 사과의 4배나 된다. 무말랭이는 지나치게 얇으면 씹는 맛이 없고, 지나치게 두꺼우면 무말랭이 특유의 꼬들꼬들한 맛을 느낄 수 없으므로 손가락 크기로 썰어 말리는 것이 가장 적당하다.

무 알고 먹기

고르기 몸매가 곧고 흰빛이 나며 매끄럽고 무청이 달려 있는 것을 고른다. 전체적으로 흰 것과 무청 달린 부분이 푸른 것이 있는데 푸른 부분이 많을수록 단맛이 강하다.

기본 손질 적당한 길이로 토막 낸 뒤 흙을 씻어내고 수세미로 문지르거나 칼을 이용해 모양대로 썬다.

보관 방법 무청이 붙어 있는 윗부분을 잘라내고 흙이 묻어 있는 채로 신문지에 싸서 바람이 잘 통하는 서늘한 곳에 둔다. 가끔씩 분무기로 물을 뿌려 주면 바람이 드는 것을 막을 수 있다.

영양 성분 디아스타제(diastase)라는 소화 효소가 음식물의 소화 흡수를 도와주어 소화를 잘되게 한다.

포인트 무채를 만들 때 식초를 조금 넣으면 비타민C가 파괴되는 것을 막을 수 있다.

무고추장장아찌

재료 무 2개(2kg), 소금물(물 10컵, 소금 1컵), 고추장(된장) **달임장** 진간장 1/2컵, 설탕 1컵, 물엿 1컵, 식초 1/2컵, 술 1/2컵 **양념** 다진 파, 다진 마늘, 설탕, 깨소금, 참기름 적당량

1 깨끗이 씻은 무를 1/2~1/4등분하여 소금물에 절인 것을 채반에 널어 꾸덕꾸덕하게 말린다. 2 무를 용기에 넣고 달임장을 끓여 식혀 부은 뒤 떠오르지 않도록 돌로 눌러 놓는다. 3 1개월 뒤에 꺼내어 장물이 가시도록 채반에 펼쳐 둔다. 4 무를 고추장에 박아 2개월 이상 숙성시킨다. 5 얇게 썰거나 채 썰어 갖은 양념에 무쳐 먹는다.

※ 입맛 없는 여름철 입맛을 살려 주는 별미

무간장장아찌

재료 무 2개(2kg), 소금 1/2컵 **달임장** 간장 2컵, 설탕·물엿·식초·물 각 1컵, 청주 1/2컵, 마른 고추 3개 **양념** 고춧가루, 다진 파, 다진 마늘, 설탕, 깨소금, 참기름 적당량

1 무는 껍질을 벗기지 않은 채 그대로 굵은 소금을 뿌려 하루 정도 놔둔다. **2** 무에서 수분이 빠져나가가면 길게 2등분하여 다시 한번 소금에 절인다. **3** 무를 채반에 얹어 1~2일 정도 말린다. **4** 달임장 재료를 넣고 끓여서 건더기만 건져내고 장은 식힌다. **5** 용기에 무를 넣고 달임장을 부은 뒤 재료가 떠오르지 않도록 무거운 것으로 눌러 놓는다. **6** 3~4개월 정도 지나면 먹을 수 있다. 얇게 채 썰어 갖은 양념에 무쳐 먹는다.

무된장장아찌

재료 무(동치미용 무) 2개, 된장 적당량 **양념** 다진 파, 다진 마늘, 설탕, 깨소금, 참기름 적당량

1 깨끗이 씻은 동치미용 무를 4~6등분하여 채반에 널어 3~4일간 말린다. **2** 용기에 된장을 한 켜 깔고 무와 된장을 한 켜씩 반복해서 얹고 마지막에는 된장을 충분히 덮는다. **3** 3~4개월 정도 지나면 무에 간이 밴다. 된장을 훑어낸 뒤 물에 빨리 씻어서 가늘게 채 썰어 다진 파, 다진 마늘, 통깨, 설탕, 참기름 등의 양념을 넣어 조물조물 무친다.

※ 맛보기 : 가장 대중적이고 친근한 국민 장아찌

무말랭이장아찌

재료 무말랭이 4컵, 찹쌀가루 1/2컵, 물 2컵, 물엿 1/3컵 **양념** 멸치젓 1/2컵, 고춧가루 1컵, 다진 마늘 3큰술, 다진 생강 1작은술, 소금 약간

1 무말랭이는 물에 담가 잠깐 불렸다가 깨끗이 씻어서 꼭 짠다. 2 찹쌀가루로 풀을 쑨 뒤 물엿을 넣고 걸쭉하게 끓인다. 3 넓은 그릇에 무말랭이와 찹쌀풀, 양념을 넣고 잘 버무려 소금으로 간을 한 뒤 용기에 담고 꾹꾹 눌러 우거지를 덮어 시원한 곳에 보관한다. 4 먹을 만큼만 덜어 기호에 맞게 양념을 더해 먹는다.

※ 맛보기 : 오독오독 씹히는 식감이 재미있게 느껴지는, 비타민이 풍부한 영양 장아찌

무갑장과

재료 무 1kg, 쇠고기·미나리(줄기) 각 100g, 간장 1/2컵(무 절임용), 참기름·통깨·실고추 적당량소 **쇠고기 양념** 간장 2큰술, 설탕 1/2큰술, 파 1뿌리, 마늘 5쪽

1 무를 5×0.6×0.6cm 크기로 썰어 간장에 절인다. 2 간장을 따라내어 끓여서 식힌 뒤 다시 무에 붓는다. 3 쇠고기는 0.3×3×5cm 크기로 채 썰어 양념한다. 4 미나리는 4cm 길이로 썬다. 5 무를 건져 손으로 꼭 짠다. 6 팬에 식용유를 두르고 쇠고기를 볶다가 절인 무를 넣고 한번 더 볶은 뒤 미나리, 참기름, 통깨, 실고추를 넣어 살짝 볶는다.

※ 갑자기 만들었다 해서 '갑장과', 채소를 익혀 만들었다 해서 '숙장과(熟醬瓜)'라고도 한다. 각종 재료에 아삭아삭한 무를 더한 품격 있는 장아찌다.

무청

씹을수록 질깃한 질감에서 배어 나오는 구수한 맛이 일품

무잎을 무청이라 하는데 시금치만큼 영양가가 높다. 비타민A · B · C와 칼슘이 들어 있어서 영양적으로 매우 우수하다. 특히 무기질과 비타민 등 골다공증 예방에 필요한 영양소가 골고루 들어 있다.《소녀경》으로 유명한 중국의 소녀는 말린 무청이 들어간 밥과 죽을 먹고 백 세가 넘도록 건강하게 살았다고 한다. 볕이 좋은 날 말린 시래기는 색깔이 검은 빛이 나는 녹색을 띠고, 날씨가 좋지 않은 날 말린 시래기는 색이 누런빛이 나는 갈색을 띤다. 곰팡이가 피어 있을 수도 있으므로 잘 살펴야 한다. 햇볕이 잘 들고 서늘한 곳에서 말려야 깨끗하며, 지나치게 너무 오래 말리면 부서질 염려가 있으므로 주의한다. 삶은 시래기는 물에 불렸다가 국도 끓이고 생된장에 치대어 나물로 먹기도 한다. 몸을 따뜻하게 하는 작용이 있어서 깨끗이 씻어 말린 것을 면보에 넣어 목욕물에 넣으면 냉증이나 요통이 완화된다.

무청 알고 먹기

고르기 마른 것은 곰팡이가 피지 않은 것을, 삶아 놓은 것은 물에 충분히 우려낸 것으로 특유의 시래기 냄새가 적으며 줄기가 지나치게 크지 않은 것을 고른다.

기본 손질 말린 것은 요리하기 하루 전에 물에 불려 놓았다가 불린 물에 그대로 삶는다.

보관 방법 짚으로 엮어 바람이 잘 통하는 벽에 걸어 둔다.

영양 성분 비타민A · C와 칼륨, 철분, 식이섬유 등이 풍부하여 암을 예방하고, 골다공증과 빈혈을 예방해 준다.

포인트 무잎에 다량 함유된 카로틴의 흡수를 높이려면 참기름을 넉넉히 넣는다. 참깨를 뿌리면 비타민E가 보충되어 암 예방에 좋다.

무청간장장아찌

재료 무청 600g **달임장** 진간장·물엿·설탕 각 1컵, 물 2컵, 술·식초 각 3큰술 **양념** 다진 파, 다진 마늘, 설탕, 깨소금, 참기름 적당량

1 무청을 끓는물에 데쳐서 찬물에 헹군 뒤 껍질을 벗겨 채반에 널어 꾸덕꾸덕하게 말린다. 2 달임장을 끓여 건더기만 건져내고 장은 식힌다. 3 용기에 무청을 넣고 달임장을 부어 재료가 뜨지 않도록 무거운 돌로 눌러 둔다. 3~4일, 일주일, 보름 간격으로 달임장만 따라내어 끓여서 식혀 붓기를 3회 반복하여 서늘한 곳에 보관한다. 4 먹을 만큼만 덜어 갖은 양념에 무쳐 먹는다.

※ 맛보기 : 소박한 아낙네를 닮은 장아찌

미삼 식료품으로 많이 이용되는 인삼의 뿌리

인삼은 약 4~5천 년 전부터 약재로 사용되어 왔을 만큼 효능과 약효를 인정받고 있는 식품으로, 그중에서도 고려인삼을 최고로 친다. 사람의 몸을 닮았다고 하여 '사람 인(人)', 영양이 좋다고 해서 '영양 삼(蔘)' 자를 붙여 인삼(人蔘)이라 부른다. 인삼은 가공 방법에 따라 부르는 이름이 다른데, 4~6년근 생삼인 수삼, 잔뿌리(가는 뿌리)를 미삼(尾蔘), 뿌리의 코르크층과 가는 뿌리를 제거한 것을 백삼(白蔘), 전체를 말린 것을 건삼(乾蔘), 수삼을 쪄서 말린 뒤 꿀과 함께 섞은 붉은 삼을 홍삼(紅蔘)이라 한다. 산삼은 뿌리와 줄기 사이의 돌기가 두텁고 향이 좋으며 노르스름한 초록빛을 띠는 것이 특징이다. 미삼은 주로 약재나 식료품, 기호 식품 등의 재료로 이용되며, 차로 끓여 마시는 경우도 많다. 종류에 따라 쓰임도 조금씩 다른데 미삼은 별도의 조제 과정을 거치지 않기 때문에 인삼의 성질인 음의 성질을 그대로 이어받아 양인에게 주로 처방한다. 보익, 신경통, 천식, 신경 쇠약, 이뇨 등에 효과가 있다.

미삼 알고 먹기

고르기 약간 노란빛을 띠는 흰색으로 깨끗하고 뿌리 부분이 검지 않고 크기가 고른 것을 고른다.

기본 손질 흙이 묻은 상태이므로 흙이 씹히지 않도록 깨끗이 문질러 씻는다.

보관 방법 비닐이나 랩에 싸서 냉장 보관하거나 서늘한 곳에 보관한다.

영양 성분 암세포를 죽이고 전이되는 것을 막아 주는 사포닌 성분이 들어 있다. 특히 인삼의 사포닌은 장기간 복용해도 부작용이 없다는 것이 장점이다.

포인트 당질이 풍부한 대추와 함께 요리하면 미삼 특유의 쌉쌀한 맛이 중화되고 영양도 보완할 수 있다. 무나 진한 녹차, 커피와는 궁합이 맞지 않는다.

미삼간장장아찌

재료 미삼 500g **달임장** 진간장 · 물엿 · 설탕 각 1컵, 물 2컵, 술 · 식초 각 3큰술

1 미삼은 뿌리까지 꼼꼼히 씻어 소금을 약간 뿌려 간을 한 뒤 헹구어 채반에 넣어 꾸덕꾸덕하게 말린다. 2 밀폐 용기에 미삼을 넣고 끓여서 식힌 달임장을 붓는다. 3~4일, 일주일, 보름 간격으로 달임장만 따라내어 끓여서 식혀 붓기를 3회 반복하여 서늘한 곳에 보관한다. 3 3~4개월 정도 지나 숙성이 완료되면 먹을 만큼씩 꺼내어 먹는다.

※ 인삼 특유의 쌉싸름한 사포닌향이 입 안에 여운처럼 남는 장아찌

민들레

길가, 풀섶에 흔하지만 위궤양과 만성 위약(胃弱)에 특효약

한방에서는 꽃이 피기 전의 민들레를 포공영(蒲公英)이라 하여 약재로 쓴다. 통째로 말려 이용하는데 맛은 쓰고 달다. 봄·가을에 채취한 것이나 좋은 땅에서 자란 것은 달고, 여름철 채취하거나 황폐한 땅에서 자란 것은 맛이 쓰다. 민들레의 효능은 다양하다. 첫째 염증과 종기를 가라앉히는 효과가 좋아 종창이나 유방염, 인후염, 복막염, 급성 간염 등에 쓴다. 둘째, 항균·해독 작용이 뛰어나 몸속에 침입한 유해균을 물리치고 독성을 풀어 준다. 셋째, 건위·강장 작용을 하여 위장을 보호한다. 만성 위염이나 식도암, 위암, 소화 불량에도 효과가 좋다. 특히 위궤양이나 만성 위약(胃弱) 등의 증상에는 잎을 생으로 무쳐 먹어도 좋고 말린 뿌리를 달여 먹어도 좋다.

민들레 알고 먹기

고르기 흰 꽃이 피는 것이 토종 민들레다. 꽃이 막 피기 전 생장이 가장 왕성할 때의 민들레를 채취하는 것이 좋다.

기본 손질 꽃이 피기 전의 뿌리와 잎을 채취하여 이물질과 잡티를 제거하고 물에 깨끗이 씻어서 바람이 잘 통하는 곳에 말려 물기를 제거한다.

보관 방법 잎을 살짝 데쳐서 냉동 보관하거나 햇볕에 말리면 장기 보관이 가능하다.

영양 성분 뼈와 치아를 건강하게 해 주고 혈압을 조절해 주는 칼슘이 매우 풍부하다. 잎에는 항산화 물질로 널리 알려진 베타카로틴이 풍부하다.

포인트 민들레 뿌리를 말려 볶아서 가루를 내어 물에 타서 마시면 맛과 향이 커피와 비슷하다. 카페인이 없는 데다 중독성도 없는 건강차다.

민들레간장장아찌

재료 민들레 500g **달임장** 간장·물 각 1컵, 설탕·식초·액젓 각 1/2컵, 마늘 5쪽, 대파 1뿌리, 마른 고추 3개 **양념** 다진 파, 다진 마늘, 설탕, 깨소금, 참기름 적당량

1 민들레를 끓는물에 데쳐 찬물에 헹군 뒤 물기를 제거하여 채반에 펼쳐 꾸덕꾸덕하게 말린다. **2** 달임장 재료를 넣고 끓여서 건더기만 건져내고 장은 식힌다. **3** 용기에 민들레를 넣고 달임장을 부은 뒤 재료가 떠오르지 않도록 무거운 것으로 눌러 놓는다. **4** 먹을 만큼만 꺼내 갖은 양념을 넣고 골고루 무쳐 먹는다.

※ 맛보기 : 특유의 쌉쌀한 맛이 고향의 기억처럼 아련히 남는 장아찌

밤

5대 영양소를 골고루 갖춘 건강 과실

밤은 과실이라기보다는 곡식에 가깝다. 주성분 또한 탄수화물로 이 중 대부분이 전분이고, 단백질 중 알부민이 75%를 차지한다. 비타민을 비롯해 칼슘, 철, 칼륨 등의 미네랄도 풍부하다. 5대 영양소를 골고루 갖춘 건강 과실인 것이다. 한방에서는 밤이 기(氣)를 향상시켜 주기 때문에 몸이 허약한 사람이 먹으면 혈색이 돌아오고 건강을 되찾을 수 있으며, 식욕을 잃은 사람의 식욕을 돌게 한다고 했다. 폴리페놀 성분이 들어 있어 설사와 이질 증상이 있을 때 먹으면 효과를 볼 수 있고, 위장 기능 강화 및 식욕 증진, 피부 미용, 감기 예방 등에 효과가 있다. 견과류 중 유일하게 비타민C가 들어 있어서 하루에 생밤 10개만 먹어도 필요한 비타민C를 충족할 수 있다. 이처럼 과수로서의 역사가 오래된 만큼 우리나라에는 밤떡, 밤경단, 밤다식, 밤단자, 밤초, 밤주악 등 밤을 이용한 민속식이 많이 발달했다. 특히 밤을 강판에 갈아 끓인 밤암죽은 훌륭한 이유식이다.

밤 알고 먹기

고르기 알이 굵고 껍질이 깨끗하며 광택이 나고 갈색이 도는 것이 좋다. 껍질이 말라 있는 것은 오래된 것이다. 손에 쥐었을 때 묵직해야 한다.

기본 손질 마른 행주를 이용해 표면을 닦아낸 뒤에 겉껍질과 속껍질을 제거하고 물에 깨끗이 씻어 물기를 제거한다.

보관 방법 비닐봉지에 넣어 밀봉한 뒤 냉장 보관한다.

영양 성분 폴리페놀 성분이 들어 있어서 설사와 이질에 효과가 좋다.

포인트 밤장아찌의 또 다른 맛을 즐기고 싶을 때는 간장 물에서 밤을 건진 뒤 물기를 닦아내고 다시 고추장에 묻어 6개월 정도 숙성시켜 먹으면 된다.

밤간장장아찌

재료 밤 1되(900g) **달임장** 물 4컵, 간장 2컵, 설탕 1컵, 물엿 1컵, 마른 고추 2개

1 밤은 겉껍질과 속껍질을 모두 제거한 뒤 물에 깨끗이 씻어 둔다. **2** 달임장 재료를 냄비에 넣고 끓여서 식힌다. **3** 손질한 밤을 양파자루 같은 주머니나 망에 넣어 잘 묶는다. **4** 용기에 밤을 넣고 그 위에 달임장을 부어 한 달 정도 지나 밤에 간이 골고루 배면 꺼내 먹는다.

※ 맛보기 : 푸석한 전분 맛이 입안을 감도는 장아찌

버섯 다양한 종류만큼이나 효능도 다양

- **양송이버섯** 서양에서는 대접받는 버섯으로, 수프에 많이 이용된다. 식이섬유가 풍부해 생활습관병 예방에 효과가 좋다. 특히 비타민B·D가 풍부해서 골격이 형성되는 시기에 있는 아이들에게 매우 좋다.

- **표고버섯** 전 세계적으로 가장 널리 알려진 대표적인 식용 버섯으로 봄과 가을 두 차례에 걸쳐 생산되며 모양이 거북이 등과 비슷하다. 핵산을 많이 함유하고 있어서 어떤 음식에 넣어도 맛을 좋게 해 주는 천연 조미료 역할을 한다. 섬유질과 광물질, 비타민B 등이 풍부하여 신진대사를 원활하게 해 줄 뿐만 아니라 항종양 다당체 물질인 렌티난(lentinan)이 들어 있다.

- **느타리버섯** 늦가을에서 봄 사이에 나는 버섯으로, 비타민D2의 모체인 에르고스테롤(ergosterol)을 많이 함유하고 있어서 고혈압과 동맥경화를 예방하고 치료하는 효과가 뛰어나다.

- **석이버섯** 화강암 절벽에 붙어사는 검은 버섯으로 한식의 고명으로 꼭 필요한 식재료다. 예부터 석이를 따러 가는 남자에게는 부인이 점심을 싸 주지 않았다고 한다. 높은 암벽에 올라가 정신 없이 석이를 뜯다가 발이라도 헛디뎌 떨어지면 큰일이므로 배가 고파지면 바로 집으로 오라는 뜻이었다고 한다.

- **송이버섯** 흙이 묻어 있는 기둥 끝부분을 도려낸 뒤 물에 씻지 말고 젖은 행주를 꼭 짜서 갓 부분부터 조심스럽게 닦는다. 솔잎을 함께 넣어 두면 향이 날아가는 것을 막을 수 있다. MAP이라는 항종양 단백질이 들어 있는데, 암세포만 골라 공격한다는 사실이 밝혀지면서 항암제의 대안으로 떠오르고 있다.

- **목이버섯** 모양이 사람의 귀와 비슷하다 하여 붙여진 이름이다. 혈액 응고를 억제하고 노화를 방지하는 효과가 뛰어나다. 뽕나무에서 자란 목이는 갱년기 장애 증상을 해소하는 데 효과가 좋고, 석류나무에서 자란 목이는 편도선염을 완화하는 데 효과가 좋다.

버섯 알고 먹기

고르기 ● **양송이버섯** 줄기를 만져 보아 단단하고 통통하며 짧은 것을 고른다. 갓이 많이 퍼지지 않고, 표면은 갈색을 띠고 안쪽은 흰색을 띠는 것이 좋다. 마른 것은 향기가 있고 줄기가 통통하며 짧은 것이 좋다.

● **표고버섯** 제철은 3~5월, 9~11월이다. 안쪽의 주름이 깨끗하고 갓이 반 정도 핀 것을 고른다. 줄기는 통통하면서도 짧은 것이 맛있다. 마른 것이 생 표고보다 맛과 향이 뛰어나다. 날것은 주름 사이에 낀 먼지와 흙을 털어내고 젖은 행주로 닦아 이용한다. 마른 표고는 씻어서 먼지를 털어낸 뒤 40℃ 정도의 따뜻한 물에 20분 정도 불려 이용한다.

● **목이버섯** 중국 요리에 주로 쓰이며 오돌오돌 씹히는 맛이 독특하다. 윗면은 자갈색을 띠고, 밑면은 밋밋하나 광택이 나며 적갈색을 띤다. 대개 말린 것을 구입하여 미지근한 물에 불려 이용한다.

기본 손질 마른 표고는 미지근한 물에 불려서 쓴다. 이때 설탕을 약간 넣으면 빨리 부드러워진다. 날것은 주름 사이에 낀 먼지나 흙을 털어내고 젖은 행주로 닦아서 사용한다.

보관 방법 날것은 젖은 신문지에 싸서 냉장고에 넣어 두면 4~5일 정도 보관 가능하다. 말린 것은 바람이 잘 통하고 건조한 곳에 말리거나 냉장 보관한다.

영양 성분 비타민D의 일종인 에르고스테린과 비타민B_2가 풍부하고, 감칠맛 성분인 구아닐산이 콜레스테롤 수치를 떨어뜨려 준다. 칼로리는 거의 없으나 영양가는 높아 생활습관병 예방에 이상적이다.

포인트 깔끔한 요리에는 기둥을 떼어내고 갓만 사용하는 것이 좋다.

버섯모둠장아찌

재료 새송이버섯 300g, 표고버섯 100g, 양송이버섯 100g **달임장** 진간장 2컵, 설탕·식초·물 각 1컵, 마른 고추 3개, 마늘 5쪽, 대파 1뿌리, 다시마 10cm **양념** 다진 파, 다진 마늘, 설탕, 깨소금, 참기름 적당량

1 새송이와 양송이는 끓는 물에 데치고, 표고는 물에 불려 물기를 짠 뒤 채반에 펴서 꾸덕꾸덕하게 말린다. **2** 용기에 버섯을 담고 달임장을 끓여 식혀 붓는다. **3** 3일 뒤에 국물만 냄비에 따라 끓여 식힌 것을 다시 붓는다. 2~3회 정도 반복한다. **4** 먹을 만큼만 덜어 갖은 양념에 무쳐 먹는다.

버섯피클

재료 새송이버섯 200g, 표고버섯 200g, 팽이버섯 2봉지, 양송이버섯 1봉지 **시럽 재료** 물 1.5컵, 설탕 1컵, 식초 2컵, 소금 2큰술, 간장 1큰술, 통후추 5알, 마른 고추 2개, 생강 1쪽, 월계수 잎 2장, 통계피 10g, 정향 5개

1 버섯은 밑둥을 잘라내고 통째로 끓는물에 살짝 데쳐서 찬물에 헹구어 체에 받쳐 물기를 뺀다. **2** 냄비에 시럽 재료를 넣고 끓인 뒤 불을 끄고 씨를 뺀 붉은 고추와 끓는물에 데친 생강을 넣어 식힌다. **3** 병을 끓는물에 소독하여 준비해 놓은 버섯을 차곡차곡 담는다 **4** ③에 피클 시럽을 병 높이의 3/4정도까지 붓는다. **5** 김이 오른 찜통에 병을 안친 뒤 뚜껑을 병 위에 올려놓은 상태로 5분간 둔다. **6** 찜통 안에서 병 뚜껑을 닫은 뒤 서늘한 곳으로 옮겨 3~4일 뒤에 먹는다.

브로콜리 & 콜리플라워

항산화 물질이 풍부한 녹색 영양 덩어리

'녹색 영양 덩어리'로 불리며 맛이 순하고 부드러워 여러 가지 요리에 이용되는 브로콜리에는 베타카로틴, 비타민E, 루테인(lutein), 셀레늄(selenium), 식이섬유 등 항산화 물질이 풍부하다. 그중에서도 비타민C가 레몬의 2배, 감자의 7배로 채소 가운데 가장 많이 들어 있다. 비타민C는 기미, 주근깨를 제거하는 등 피부 미용에 효과가 좋은 성분으로, 브로콜리(100g당 98mg 함유) 두세 송이면 하루에 필요한 양을 보충할 수 있다. 열량도 100g 당 28kcal로 극히 낮아 다이어트 식품으로도 인기다. 브로콜리의 녹색은 엽록소, 즉 클로로필(chlorohhyll)에 의한 것으로, 독소와 결합하여 혈액을 정화해 주기 때문에 동맥경화 예방 효과가 있다. 하루 반 컵 분량이면 폐암·위암·결장암·직장암·유방암 등을 예방할 수 있다.

브로콜리 & 콜리플라워 알고 먹기

고르기 진한 초록색을 띠고 봉오리가 단단하고 싱싱하며 가운데가 꽉 찬 것이 좋다. 꽃이 피거나 누렇게 변한 것은 피한다.

기본 손질 얼음물에 담가두면 색깔이 선명하고 싱싱해진다. 데쳐서 사용할 때는 끓는물에 소금을 약간 넣고 살짝 데쳐서 찬물에 넣어 식혀서 이용한다.

보관 방법 저장성이 없으므로 필요한 만큼만 구입하여 요리에 이용하는 것이 좋다. 냉장 보관하면 2~3일 정도 보관 가능하다. 살짝 데쳐서 냉동실에 넣어도 비타민이 거의 손실되지 않는다.

영양 성분 각종 비타민과 칼륨, 칼슘 등의 무기질이 풍부하다. 조혈 및 지혈 작용을 하는 비타민 K도 들어 있다.

포인트 각종 육류 요리에 부재료로 사용하면 좋다.

브로콜리 & 콜리플라워피클

재료 브로콜리 500g, 콜리플라워 500g, 양파 1개, 파슬리 줄기 2개, 붉은 고추(작은 것) 3개 **시럽 재료** 현미식초 2.5컵, 물 2컵, 설탕 1.5컵, 소금 2큰술, 월계수 잎 2장, 통후추 3알, 생강 10g, 정향 5개

1 브로콜리와 콜리플라워는 적당한 크기로 잘라 흐르는 물에 씻어 건져 물기를 뺀다. **2** 양파는 큼직하게 2등분하고, 파슬리 줄기는 실로 묶어 놓는다. **3** 붉은 고추는 어슷하게 썰어 씨를 털어낸다. **4** 분량의 재료를 넣고 끓여 시럽을 만든다. **5** 병을 끓는물에 소독하여 브로콜리와 콜리플라워를 차곡차곡 담는다. **6** 뜨거운 피클 시럽을 병 높이의 3/4 정도까지 붓는다. **7** 김이 오른 찜통에 병을 안친 뒤 뚜껑을 병 위에 올려놓은 상태로 5분간 둔다. **8** 찜통 안에서 병 뚜껑을 닫은 뒤 서늘한 곳으로 옮겨 3~4일 뒤에 먹는다.

비트

선명한 붉은자줏빛을 자랑하는 항암 채소

당근이나 토마토, 피망처럼 강렬한 색깔을 가진 컬러 푸드는 대체로 항산화 효과가 뛰어나다. 비트 역시 선명한 자줏빛을 자랑하는 대표적인 컬러 푸드로, 뿌리부터 잎까지 전체를 식용할 수 있다. 잎은 샐러드로, 뿌리는 주스 또는 피클로 만들어 먹는다. 오븐에 살짝 굽거나 삶아서 소스를 뿌려 먹거나 수프에 넣어 먹어도 맛있다. 임산부에게 좋다고 알려진 엽산이 풍부하고, 칼륨과 칼슘 그리고 산화 방지제인 베타시아닌(betacyanin)이 들어 있어 항산화 작용을 한다. 비트가 붉은색을 띠는 것도 베타시아닌 성분에 의한 것이다. 보통 붉은 뿌리 부분만 먹는다고 생각하는데, 실제로는 줄기와 잎에 영양이 더 풍부하다. 특히 잎에는 뿌리보다 더 많은 철분, 비타민A, 엽산, 칼슘이 들어 있다. 주스나 스무디의 재료로도 많이 이용하는데, 당근이나 오이와 함께 갈아 마시면 신장과 담낭이 깨끗해진다. 풍부한 섬유소가 대장의 연동 운동을 촉진해 주어 변비를 예방하고 해소하는 데도 효과가 좋다.

비트 알고 먹기

고르기 뿌리는 매끄럽고 단단하며 흠집이 없어야 하며, 중간 크기의 것이 가장 부드럽다. 재료는 잎과 뿌리를 사용하며, 뿌리는 흑색으로 육질이 좋은 것을 선택한다.

기본 손질 흐르는 물에 깨끗이 씻는다.

보관 방법 밀봉하여 냉장 보관한다.

영양 성분 리보플라빈, 철분, 비타민A · B_2 · C를 비롯한 각종 비타민과 나트륨, 칼슘, 칼륨, 염소 등의 미네랄이 풍부하다.

포인트 닭가슴살과 궁합이 잘 맞는다. 비트에 부족한 단백질을 닭가슴살이 보완해 준다.

비트장아찌

재료 비트 1kg **달임장** 물 2컵 식초·매실액 각 1컵, 설탕·물엿·소금 각 1/2컵

1 비트는 굵게 채 썰어 채반에 펼쳐 햇볕에 꾸덕꾸덕하게 말려 마른 행주로 잘 닦는다.
2 달임장을 끓여서 식혀 비트에 붓는다. 3~4일, 일주일, 보름 간격으로 달임장만 따라 내어 끓여서 식혀 붓기를 3회 반복하여 서늘한 곳에 보관한다. **3** 1~2개월 정도 지나 맛이 들면 꺼내어 먹는다. 기호에 따라 양념해 먹는다.

※ 선명한 자줏빛과 사각사각 씹히는 식감이 좋아 육류와 함께 먹으면 텁텁한 입맛을 상큼하게 해 준다.

뽕잎
신선의 약이자 신선들이 즐겨 먹은 나무

신선들이 즐겨 먹었다고 알려져 있는 뽕나무는 전쟁이나 기근 시에 구황 작물 역할을 해 온 식물로 버릴 것이 없다. 봄에는 어린잎을 나물로 먹고, 식량이 귀할 때면 여름에 무성한 잎을 따서 말렸다가 빻아 곡식 가루와 섞어 먹었다. 가지는 부종에, 꽃은 뇌빈혈에, 잎은 습진이나 월경통에, 오디는 변비의 약재로 쓴다. 누에의 배설물인 잠사는 혈압 강하 작용이 있다고 알려져 있다. 특히 겉껍질 속의 흰 껍질인 상백피는 이뇨제·소염제·진해제·중풍 후유증 치료제·간 질환 치료제로 처방한다. 상백피를 끓여 누룩을 넣어 만든 뽕나무술은 불로장수주다. 뽕나무 뿌리껍질을 노랗게 볶아서 가지와 함께 달인 상지근피탕은 비만에 특효다. 뽕나무 뿌리를 달인 물로 모근을 적시면 탈모증, 지모증(머리카락 끝이 갈라지는 증상), 곡모증(머리카락이 꼬불거리는 증상) 등에 효과를 볼 수 있다.

뽕잎 알고 먹기

고르기 5월 하순 이전에 채취한 뽕잎일수록 몸에 좋은 성분이 많다. 15cm 정도로 자란 것을 채취한다.

기본 손질 가지 끝부분에 달린 어린 뽕순을 채취하여 물에 깨끗이 씻어 물기를 제거한다.

보관 방법 뽕잎은 데치거나 쪄서 말리면 유효 성분이 손실되므로 그대로 말려서 보관한다. 햇빛을 쪼이면 이로운 성분이 손실되므로 검은 비닐봉지에 담아 보관하는 것이 좋다.

영양 성분 우유의 6배에 달하는 칼슘이 들어 있고, 철분은 시금치보다 3배나 많다. 식이섬유도 풍부하여 변비 완화 및 다이어트 효과도 높다.

포인트 식물 중 콩 다음으로 단백질이 풍부하고, 칼슘과 철분을 비롯한 50여 종의 미네랄이 들어 있으므로 적극적으로 이용할 것을 권한다.

뽕잎간장장아찌

재료 뽕잎 500g, 소금 1컵 **달임장** 간장·물 각 1컵, 국간장 1/4컵, 식초·설탕 각 1/2컵, 마늘 5쪽, 대파 1뿌리, 마른 고추 3개, 월계수 잎 1장, 통후추 5g **양념** 다진 파, 다진 마늘, 설탕, 깨소금, 참기름 적당량

1 소금물에(물 8컵, 소금 1컵) 뽕잎을 넣고 돌로 눌러 10일 정도 삭힌다. 2 뽕잎을 꺼내 맑은 물에 여러 번 헹구어 채반에 펼쳐 그늘에 말려 물기를 제거한다. 3 달임장 재료를 넣고 끓여서 건더기만 건져내고 장은 식힌다. 4 용기에 뽕잎을 넣고 달임장을 부어 재료가 떠오르지 않도록 무거운 것으로 눌러 놓는다. 5 먹을 만큼만 꺼내 갖은 양념에 무쳐 밥 위에 얹어 찌거나 중탕하여 먹는다.

※ 맛보기 : 약간 질긴 듯한 첫맛과 숨은 듯 미끄러운 뒷맛이 느껴지는 장아찌

산마늘(명이나물)

먹을수록 장수하는 마늘 향을 가진 채소

식물 전체에서 강한 마늘 냄새가 난다고 하여 산마늘이라는 이름이 붙었다. 이 풀을 먹으면 장수한다는 뜻에서 '명이'라고도 부르며, 울릉도에서는 옛날 춘궁기에 구황 식물로 사용하여 '명(命)'이라고도 부른다. 울릉도와 남부 중부 지방의 깊은 산속에서 자란다. 봄에 연한 잎을 생으로 초장에 찍어 먹거나 된장에 장아찌를 담가 먹는다. 불고기를 먹을 때 쌈채 대신 먹기도 한다. 산마늘의 독특한 냄새는 알린(alliin)이라는 아미노산 성분에 의한 것으로, 비타민 B1을 활성화하고 일부 병원균에 대해 항균 작용을 한다. 강장 작용을 하는 스코르니딘과 피부를 매끄럽게 하고 감기에 대한 저항력을 높여 주며 호흡기를 튼튼하게 하고 시력을 강화해 주는 비타민A도 풍부하다. 섬유질이 풍부해 장운동을 자극하여 독성을 배출하고 콜레스테롤 수치를 정상화해 주며, 대장암 발생률을 낮추고 변비를 없애 주는 효과도 있다.

산마늘 알고 먹기

고르기 겉껍질이 단단하고 무게감이 있으며 하얗게 부풀어 있는 것이 좋다.

기본 손질 물에 불려 놓으면 껍질을 벗기기 쉽다.

보관 방법 망에 넣어 서늘한 곳에 보관한다.

영양 성분 항산화 물질이 들어 있어서 산화를 억제하고, 비타민E가 세포의 노화를 막아 준다.

포인트 꽃이 피면 독성이 생기고 쓴맛이 나므로 꽃 피기 전의 것을 식용하는 것이 좋다.

산마늘간장장아찌

재료 산마늘 잎 500g **달임장** 간장·물 각 1컵, 설탕·식초 각 1/2컵, 마늘 5쪽, 대파 1뿌리, 청양고추 3개 **양념** 다진 파, 다진 마늘, 설탕, 깨소금, 참기름 적당량

1 산마늘 잎은 깨끗이 손질하여 끓는물에 소금을 넣고 살짝 데쳐 찬물에 헹군 뒤 채반에 펴서 물기만 거둔다. **2** 달임장 재료를 넣고 끓여서 건더기만 건져내고 장은 식힌다. **3** 산마늘 잎을 용기에 담고 식힌 달임장을 부은 뒤 돌로 눌러 놓는다. **4** 양념하지 않고 그냥 먹어도 좋다.

※ 밥이나 고기 요리에 싸 먹으면 느끼한 맛을 줄여 준다.

셀러리 아삭아삭한 식감으로 입맛을 사로잡는 향채

아삭아삭 씹히는 맛이 특징인 셀러리는 샐러드의 재료로 많이 이용되는 채소다. 당질과 지방 함량이 낮고 식이섬유 함량이 높아 다이어트 식품으로도 인기가 높다. 보통 심줄을 제거한 뒤 수프 등에 넣어 육류 특유의 냄새를 제거하는 데 이용하거나 다른 채소와 함께 녹즙으로 만들어 마신다. 잎은 떼어내고 줄기만 이용하는 경우가 많은데 잎에도 다양한 영양 성분이 들어 있으므로 버리지 말고 이용하는 것이 좋다. 잘게 썰어서 볶음 요리에 넣으면 비타민A 섭취량을 늘릴 수 있다. 셀러리 특유의 향은 아핀(apin)이라는 성분에 의한 것으로, 식욕을 돋우고 소화를 촉진하는 역할을 한다. 피를 맑게 하고 신경을 안정시켜 주는 효과가 있어 쉽게 흥분하거나 불안증이 있는 사람이 먹으면 좋다. 비타민B_1과 B_2가 풍부하고 칼슘과 유기성 나트륨이 풍부하게 들어 있어 인체에 해로운 일산화탄소를 배출해 준다. 불면증을 없애 주는 멜라토닌(melatonin) 성분도 들어 있으므로 불면증이 있을 때 먹으면 좋다.

셀러리 알고 먹기

고르기 잎이 녹색이고 줄기는 연녹색을 띠는 것, 줄기가 굵고 길며 연한 것, 줄기의 요철 모양이 두드러진 것, 겉대와 속대의 굵기가 일정한 것이 좋다.

기본 손질 단단한 심줄 부분을 제거한 뒤에 깨끗이 씻는다.

보관 방법 신문지에 싸서 냉장고 채소실에 넣으면 3일 정도 보관할 수 있다.

영양 성분 나트륨은 칼슘을 용액 상태로 유지시키는 역할을 하는데, 셀러리에는 유기성 나트륨이 들어 있어 무기성 칼슘을 몸 밖으로 배출시켜 준다.

포인트 강한 맛 때문에 생으로 마요네즈에 찍어 먹는 경우가 있는데, 마요네즈는 칼로리가 높으므로 주의해야 한다.

셀러리간장피클

재료 셀러리 1단 **촛물** 식초 2컵, 설탕 1컵, 물 1/3컵, 소금 약간, 청양고추 3개, 양파 1개, 월계수잎 2장, 통후추·정향 약간

1 셀러리는 깨끗이 씻어서 줄기의 섬유질을 제거한 뒤 어슷하게 썰고, 양파는 반으로 썬다. 2 냄비에 식초, 설탕, 물, 소금, 통후추, 월계수 잎을 넣고 팔팔 끓인다. 3 끓인 촛물을 식혀서 체에 거른다. 4 뜨거운 물에 소독한 병을 바싹 말려 절인 셀러리와 양파, 청양고추를 담고 뜨거운 촛물을 부어 밀봉한다. 5 2~3일 뒤에 국물만 따라내고 다시 한번 그 물을 끓여서 식혀 붓는다. 6 일주일 정도 냉장 보관해 두었다가 꺼내 먹는다.

※ 맛보기 : 셀러리의 은은한 향이 살아 있는 상큼한 피클

소루쟁이 강한 생명력을 자랑하는 야생초

열매를 손에 쥐고 흔들거나 바람이 불면 올망졸망하게 붙은 하트 모양의 열매 사이에서 소리가 난다 하여 소루쟁이라는 예쁜 이름이 붙었다. 물기가 있거나 축축한 곳 어디서든 잘 자라기 때문에 전국 각지에서 흔히 볼 수 있다. 봄에서 초여름에 걸쳐 어린잎을 식용하는데, 손으로 잎을 살살 비벼서 거품을 제거한 뒤 국을 끓여 먹거나 나물로 무쳐 먹으면 좋다. 죽을 끓여 먹어도 맛있고 살짝 삶아서 초무침을 해도 되고 부침개에 넣어 먹기도 한다. 변비에 효과가 좋아 오래 먹으면 장이 건강하고 깨끗해지며 피부도 고와진다. 완만하고 지속적인 효과가 있어 오래 먹어도 부작용이 없다. 열을 내리고 대소변을 잘 통하게 하며 종기를 치료하고 뱃속의 기생충을 죽이는 효과도 뛰어나다. 상처가 덧나거나 곪은 부분에는 소루쟁이를 찧어 붙이면 신기하게도 금방 낫는다. 단, 뿌리 부분에는 초산 성분이 들어 있으므로 과잉 섭취하는 것은 좋지 않다.

소루쟁이 알고 먹기

고르기 지나치게 억세지 않고 벌레 먹지 않은 것을 고른다.

기본 손질 칼로 밑둥을 자르고 깨끗이 씻어서 데친 것을 적당한 크기로 썬다.

보관 방법 잎을 데쳐서 그대로 두면 누렇게 변하므로 바로 조리해 먹는다.

영양 성분 비타민이 풍부하여 유럽의 농촌에서는 비타민C 결핍증인 괴혈병 치료를 위해 소루쟁이 잎을 먹는다고 한다.

포인트 어린잎은 약간의 신맛이 난다. 생잎은 쌈으로 싸 먹으면 별미다. 살짝 데쳐서 기름지짐을 해 먹거나 된장국을 끓여 먹기도 한다.

소루쟁이간장장아찌

재료 소루쟁이 500g **달임장** 간장·물 각 1컵, 설탕·식초 각 1/2컵, 마늘 5쪽, 대파 1뿌리, 마른 고추 2개 **양념** 다진 파, 다진 마늘, 설탕, 깨소금, 참기름 적당량

1 소루쟁이는 손질하여 소금에 살짝 절였다가 헹구어 물기를 짠 뒤 채반에 널어 물기를 제거한다. 2 분량의 재료를 넣고 소스를 끓여 건더기만 건져내고 장은 식힌다. 3 밀폐용기에 소루쟁이를 넣고 달임장을 부은 뒤 재료가 떠오르지 않게 무거운 돌로 눌러둔다. 3~4일, 일주일, 보름 간격으로 달임장만 따라내어 끓여서 식혀 붓기를 3회 반복하여 서늘한 곳에 보관한다. 4 먹을 만큼만 덜어 갖은 양념에 무쳐 먹는다.

※ 맛보기 : 입안에 느껴지는 조직감에서 유순함이 느껴지는 장아찌

쇠비름

다섯 가지 색을 가진 오행초. 흔하지만 약효는 으뜸

쇠비름의 또다른 이름은 오행초(五行草)다. 간장·심장·비장·폐·신장이 오행을 가리키는 다섯 가지 색을 가진다는 의미로, 실제로 쇠비름은 푸른 잎, 붉은 줄기, 황색 꽃, 흰 뿌리, 검은 씨앗을 가지고 있다. 장수에 도움이 된다고 하여 장생초(長生草)라고도 불린다. 노인들의 원기 회복에 쇠비름을 넣고 죽을 끓여 먹으면 좋다. 주로 잎을 나물이나 샐러드로 만들어 먹는다. 식물 가운데 오메가-3가 가장 많이 함유되어 있어서 중성 지방이 배출되는 것을 도와주기 때문에 비만을 비롯한 생활습관병 예방에 효과가 좋다. 쇠비름 표면의 윤기도 오메가-3에 의한 것이다. 민간에서는 이질이나 만성 대장염에 약으로 쓰는데, 장을 깨끗하게 하고 혈액 순환을 원활하게 해 주어 피부 미용에 효과가 좋다. 무좀에는 생즙을 내어 바르면 좋다. 당뇨나 신장병, 방광염, 변비, 여성의 냉대하, 종기 등에도 쇠비름을 쓴다. 하지만 미끄덩한 식감 때문에 먹기가 조금 불편하다는 것이 단점. 흑설탕과 섞어 발효액으로 만들어 물에 섞어 마시면 좋다.

쇠비름 알고 먹기

고르기 늦봄에서 여름에 걸쳐 나온 연한 잎과 줄기를 채취한다.

기본 손질 누런 잎은 떼어내고 살살 씻어 물기를 제거한다.

보관 방법 소금물에 살짝 데쳐 말린다.

영양 성분 인체에 해가 없는 유기 수은이 들어 있어서 독소를 배출해 준다. 생즙을 내어 마시거나 공복에 복용하면 저절로 해충이 나온다.

포인트 쇠비름은 썩을지언정 햇빛이나 바람에는 절대로 마르지 않으므로 데쳐서 말린 것을 조금씩 꺼내 물에 불려 양념에 무쳐 먹거나 효소액으로 만들어 이용하는 것이 좋다.

쇠비름고추장장장아찌

재료 쇠비름 500g **달임장** 간장 1컵, 물·식초·설탕 각 1/2컵 **양념** 고추장 2컵, 물엿·설탕 각 1/2컵, 고춧가루 2큰술

1 쇠비름은 끓는물에 소금을 넣고 살짝 데쳐 헹군 뒤 채반에 널어 꾸덕꾸덕하게 말린다. **2** 달임장 재료를 넣고 은근히 끓여서 간장만 걸러 식힌다. **3** 쇠비름을 용기에 담고 달임장을 부어 돌로 눌러 둔다. **4** 일주일 뒤에 쇠비름만 건져 간장을 짠 뒤 다시 채반에 널어 꾸덕꾸덕하게 말린다. **5** 고추장, 물엿, 고춧가루, 설탕을 섞어 절반을 ④와 골고루 섞어 용기에 담은 뒤 꾹꾹 눌러 준다. 그런 다음 남은 절반을 넣고 그 위에 소금을 뿌려 서늘한 곳에 보관한다.

※ 맛보기 : 사각거리면서도 약간 미끄덩한 느낌이 남는 장아찌

싱아

시골 아이들의 봄날 간식. 시금털털한 추억의 맛

싱아는 줄기와 잎에서 신맛이 난다. 어린잎과 줄기를 식용하는데 어린잎은 다른 나물과 데쳐서 함께 무쳐 먹거나 생으로 쌈을 싸 먹고, 샐러드 등으로 만들어 먹는다. 연한 줄기는 찔레처럼 꺾어 먹기도 한다. 뿌리와 전초를 구충이나 치질, 곽란, 황달 등의 약으로 쓴다. 신선한 뿌리와 줄기를 짓찧어 즙을 내어 바르면 옴 치료에 효과를 볼 수 있고, 꽃을 말려 달여 마시면 위를 건강하게 해 준다. 뿌리를 달인 즙은 부스럼이 났을 때 지혈제로 효과가 좋다. 어린아이의 열을 다스리는 데도 쓰는데, 싹을 따서 생식하거나 즙을 내어 먹이면 효과를 볼 수 있다. 맛이 상큼해서 어린아이들도 잘 먹는다. 장아찌로 만들어 먹어도 좋지만 부각으로 만들어 먹으면 더 맛있다.

싱아 알고 먹기

고르기 5월 말에서 6월 중순경에 난 벌레 먹지 않은 어린잎과 줄기를 채취한다.

기본 손질 한 장씩 집어 흐르는 물에 앞뒤를 손바닥으로 문질러 가며 씻는다.

보관 방법 비닐봉지에 담아 냉장 보관한다.

영양 성분 지혈 성분이 들어 있어서 부스럼이 났을 때 뿌리즙을 달여 마시면 효과를 볼 수 있다.

포인트 연한 순과 줄기는 생채로 먹고, 어린순은 끓는물에 가볍게 데쳐서 나물로 먹는다.

싱아간장장아찌

재료 싱아 500g **달임장** 간장·물 각 1컵, 설탕·식초·물엿·매실액 각 1/2컵, 마늘 5쪽, 소주 2큰술, 대파 1뿌리, 마른 고추 2개, 다시마 5cm **갖은 양념** 다진 파, 다진 마늘, 설탕, 깨소금, 참기름 적당량

1 싱아는 손질하여 끓는물에 삶아 찬물에 헹군 뒤 채반에 널어 물기를 제거한다. 2 분량의 재료를 넣고 달임장을 만들어 건더기만 건져내고 장은 식힌다. 3 용기에 싱아를 넣고 달임장을 부은 뒤 재료가 떠오르지 않도록 무거운 돌로 눌러 둔다. 3~4일, 일주일, 보름 간격으로 달임장만 따라내어 끓여서 식혀 붓기를 3회 반복하여 서늘한 곳에 보관한다. 4 먹을 만큼만 덜어 갖은 양념에 무쳐 먹는다.

※ 맛보기 : 잎이 조금 질기므로 양념해서 쪄 먹으면 맛있다.

쑥 토종 허브. 식재, 약재, 향신료로 다양한 쓰임새

쑥은 '자연이 인간에게 베푼 가장 값진 선물의 하나'라고 할 정도로 봄이면 향기로 식욕을 증진시키고 소화를 촉진하면서 겨우내 얼어붙었던 몸을 따뜻하게 녹여 준다. 예부터 단오날 낮에 뜯어 말린 것을 약쑥이라 하여 으뜸으로 쳤다. 해열·진통·해독·구충·혈압 강하·소염 작용을 하여 생리통, 태동 불안, 복통 등의 치료에 처방하고, 민간에서는 상비약으로 수족 냉증이나 대하증에 주로 쓴다. 연한 잎을 말려 찐 것을 즙을 내어 마시면 해열·진통·해독·구충 작용을 하고 위암에도 효과를 볼 수 있다. 독충에 물리거나 습진, 상처 등에는 잎을 짓찧어 바른다. 말린 쑥으로 코를 막으면 신기하게도 코피가 멎고, 여름밤이면 쑥을 태워 모기를 쫓았다. 봄에 채취한 어린순으로 만든 생즙은 고혈압과 신경통에 효과가 있다. 이것을 잘 말려 쑥떡이나 쑥국수, 된장국, 나물 등으로 이용하면 혈기가 좋아진다. 80g 정도만 먹어도 하루에 필요한 비타민A와 C를 보충할 수 있다.

쑥 알고 먹기

고르기 키가 30cm 정도에 시든 잎이 없는 것이 좋다. 잎을 뜯어 비빈 것을 코에 대 보아 냄새가 진한 것을 채취한다.

기본 손질 누런 잎을 제거한 뒤에 이용한다.

보관 방법 깨끗이 씻어서 바람이 잘 통하는 그늘에 말리거나 끓는물에 살짝 데쳐서 물기를 짠 뒤 조금씩 나누어 비닐에 넣어 냉동 보관한다.

영양 성분 아르테미신(artemisin, 쓴맛 성분), 철, 엽산, 엽록소 등의 성분이 들어 있어 열을 내리고 면역을 조절하며 악창을 개선하고 위장을 튼튼하게 한다.

포인트 그윽한 향만으로도 기분을 상쾌하게 하고 건강을 증진시켜 주는 기분이 들므로 향을 최대한 살리는 방법으로 이용하는 것이 좋다.

© ZP 정희원

쑥간장장아찌

재료 쑥 500g, 소금물(물 1.8L, 소금 1컵) **달임장** 간장 2컵, 물·설탕·식초 각 1/2컵, 마늘 5쪽, 대파 1뿌리, 마른 고추 3개, 다시마 10cm **양념** 다진 파, 다진 마늘, 설탕, 깨소금, 참기름 적당량

1 쑥은 깨끗이 씻어서 소금물에 담가 10일간 돌로 눌러 두고 2~3일에 한 번씩 물을 갈아 주어 쓴맛을 우려낸다. 2 쑥을 꺼내어 물기를 꼭 짜서 채반에 펼쳐 그늘에 꾸덕꾸덕하게 말린다. 3 달임장을 끓여 식힌 것을 ②에 붓고 쑥이 떠오르지 않도록 돌로 눌러 놓는다. 4 먹을 만큼만 덜어서 갖은 양념에 무쳐 먹는다.

※ 맛보기 : 쑥향과 쓴맛에 거부감이 있다면 시간을 조절하여 쓴맛을 더 우려낸다.

쑥부쟁이

봄에는 나물로, 가을에는 산야에 지천으로 피는 꽃

부지갱이 나물이라고도 부르며, 울릉도에서는 겨울 눈 속에서도 자라기 때문에 일 년 내내 채취할 수 있다. 어느 마을에 가난한 대장장이가 11남매를 두고 살았다. 큰딸은 어린 동생들을 먹이기 위해 매일 산과 들로 나가 쑥과 나물을 캤다. 그런 소녀를 보고 동네 사람들은 '쑥을 캐러 다니는 불쟁이의 딸'이란 뜻에서 쑥부쟁이라는 이름을 붙여 주었다고 한다. 쑥부쟁이는 맛이 쓰고 매우며 성질은 서늘하다. 여름에서 가을에 뿌리가 달린 전초를 채취하여 신선한 것을 그대로 쓰거나 햇볕에 말려 쓰는데, 노인성 만성 기관지염, 독사에 물린 데, 코피, 천식 등에 효과가 있다. 청열, 해독 및 거담, 진해 효과도 있어서 기침을 멎게 하고 풍을 제거하며 열을 내리고 독을 풀어 준다. 벌에 쏘이거나 편도선염, 기관지염, 유방염, 종기 등이 났을 때도 처방한다. 꾸준히 복용하면 천식 치료에도 효과를 볼 수 있다. 꽃을 소주에 우려낸 물은 화장수로 이용할 수 있다.

쑥부쟁이 알고 먹기

고르기 긴 타원형에 녹색을 띠고 털이 없으며 윤기가 나는 것이 좋다. 어린잎은 톱니가 작으면서 줄기가 적자색을 띠는 것을 고른다.

기본 손질 어린순을 채취하여 끓는물에 데쳐서 우려낸 뒤 말려서 저장했다가 다시 뜨거운 물에 불려 삶아서 조리한다.

보관 방법 물기가 있으면 상하기 쉬우므로 물기를 꼭 짠 뒤 비닐 팩에 담아 냉장 보관한다.

영양 성분 비타민A · C가 풍부해서 어지럼증에 효과가 있다.

포인트 돼지고기와 함께 먹으면 비타민B_2가 보충되어 영양의 균형을 이룰 수 있다.

쑥부쟁이간장장아찌

재료 쑥부쟁이 500g **달임장** 간장·물 각 1컵, 설탕·식초·매실액·물엿 각 1/2컵, 마늘 5쪽, 소주 2큰술, 대파 1뿌리, 마른 고추 2개, 다시마 5cm **양념** 다진 파, 다진 마늘, 설탕, 깨소금, 참기름 적당량

1 쑥부쟁이는 깨끗이 씻어 소금물에 4~5일 정도 담가 쓴맛을 우려낸다. **2** 쑥부쟁이의 물기를 꼭 짜서 채반에 널어 꾸덕꾸덕하게 말린다. **3** 달임장을 끓여 건더기만 건져내고 장은 식힌다. **4** 용기에 쑥부쟁이를 넣고 달임장을 부어 무거운 돌로 눌러 둔다. 3~4일, 일주일, 보름 간격으로 달임장만 따라내어 끓여서 식혀 붓기를 3회 반복하여 서늘한 곳에 보관한다. **5** 먹을 만큼만 덜어 갖은 양념에 무쳐 먹는다.

※ 맛보기 : 은은한 산나물의 향이 입안에 남아 음식의 향취를 돋우는 장아찌

양파
하루 1/3개로 건강을 지켜 주는 채소의 왕

양파는 '채소의 왕'이라 불릴 만큼 조리법에 상관없이 약효가 좋고, 많이 먹어도 부작용이 없는 좋은 식품이다. 고기와 생선의 잡냄새를 없애 주는 필수 재료일 뿐만 아니라 그 자체로도 훌륭한 맛을 내는 중요한 식재료다. 양파 특유의 매운맛은 유화알릴에 의한 것으로, 신진대사를 촉진하고 혈중 콜레스테롤을 녹여 주어 고혈압과 당뇨병, 동맥경화 등의 생활습관병과 암을 예방한다. 지방 함량은 적지만 단백질과 칼슘, 철분이 풍부해 강장 작용을 하고 피로를 풀어 준다. 비타민B_1을 활성화하여 식욕 부진과 불안, 초조, 불면, 신경 불안증 등을 없애 주는 역할도 한다. 가열하면 자극적인 냄새와 매운맛이 사라지고 단맛이 증가해 더욱 맛있어지지만 가능하면 생으로 먹는 것이 좋다. 하루에 1/3개 정도를 꾸준히 상식하면 건강에 이롭다. 특히 매일 공복에 양파를 먹으면 장 활동이 활발해진다.

양파 알고 먹기

고르기 껍질이 매끄럽고 단단하면서 윤기가 나고 속이 선명한 흰색을 띠는 것을 고른다.

기본 손질 겉껍질을 벗겨 깨끗이 씻은 뒤 채 썰거나 다지거나 토막내어 요리에 이용한다.

보관 방법 여름에는 쉽게 상하므로 밀폐 용기나 비닐에 넣어 냉장 보관하고, 서로 겹쳐서 보관하면 상처가 나고 습기가 생기므로 성기게 보관한다. 망에 넣어 통풍이 잘되는 그늘에 매달아 놓는 것이 좋다.

영양 성분 퀘르세틴(quercetin) 성분이 활성 산소를 제거하여 노화를 방지한다.

포인트 생선을 튀길 때 양파를 함께 넣으면 비린내가 사라지고 산패를 늦출 수 있다. 과일이나 식초, 우유를 먹으면 입에 밴 냄새를 없앨 수 있다.

양파간장장아찌

재료 양파 1kg, 식초물(식초 3컵, 물 3컵) **달임장** 간장·물 각 3컵, 식초·설탕 각 1.5컵, 소금 1큰술

1 작고 단단한 양파를 골라 껍질을 벗긴 뒤 깨끗이 씻어서 물기를 제거한다. **2** 양파를 용기에 차곡차곡 담은 뒤 식촛물을 붓고 3~5일 정도 돌이나 무거운 것으로 눌러 놓는다. 공기와 접촉하지 않도록 식촛물을 넉넉히 붓는다. **3** 매운맛이 약해지고 투명한 빛이 돌면 식촛물을 따라낸다. **4** 달임장의 재료를 넣고 한소끔 끓여 식힌다. **5** 밀폐 용기에 양파를 담은 뒤 달임장을 부어 시원한 곳에 보관한다. **6** 재료가 잘 잠기도록 무거운 것으로 눌러 놓으면 2주 정도 뒤에 양파에 간이 배어 아삭아삭해진다. **7** 2~3일에 한 번씩 3회 정도 달임장을 끓여 붓는다.

양파식초장아찌

재료 양파 1kg, 식촛물(식초 3컵, 물 3컵) **소스 재료** 물 5컵, 식초·설탕 2.5컵, 소금 1/2컵

1 작고 단단한 양파를 골라 껍질을 벗긴 뒤 깨끗이 씻어서 물기를 제거한다. **2** 양파를 용기에 차곡차곡 담은 뒤 식촛물을 붓고 3~5일 정도 돌이나 무거운 것으로 눌러 놓는다. 공기와 접촉하지 않도록 식촛물을 넉넉히 붓는다. **3** 매운맛이 약해지고 투명한 빛이 돌면 식촛물을 따라낸다. **4** 소스 재료를 넣고 한소끔 끓여 식힌다. **5** 밀폐 용기에 양파를 담은 뒤 소스 재료를 용기에 붓는다. **6** 재료가 잘 잠기도록 무거운 것으로 눌러 놓으면 2주 정도 뒤에 양파에 간이 배어 아삭아삭해진다. **7** 2~3일에 한 번씩 3회 정도 소스를 끓여 붓는다.

엄나무

단맛과 쓴맛을 동시에 지닌, 먹는 재미가 있는 나물

이른봄에 나며, 개두릅 또는 엉개나물이라고 한다. 가시가 엄(嚴)하게 생겼다 하여 엄나무라고도 부른다. 가지에 가시가 많고, 줄기에도 가시의 흔적이 남아 있는 것이 특징이다. 채취할 수 있는 기간이 길지 않아 귀한 대접을 받는다. 엄나무는 가지와 잎, 순의 효능이 각각 다른데, 그중에서도 어린순은 주로 봄철에 나물이나 장아찌로 이용한다. 단맛과 쓴맛을 동시에 지니고 있어 먹는 재미도 있고, 특유의 향이 식욕을 돋우어 떨어진 입맛을 살려 준다. 순은 고혈압과 당뇨로 인한 합병증에 효과적이고, 잎은 피를 맑게 하고 신장 기능을 강화해 준다. 칼로톡신(kalotoxin), 칼로사포닌(klosaponin) 등의 성분이 들어 있어서 가지와 껍질을 삶아 낸 물로 식혜를 만들거나 차로 마시면 신경통에 효과가 좋다. 민간에서는 강장, 요통, 신장병, 당뇨병, 피로 회복 등에 이용한다. 식욕 부진을 해소하고 피로를 풀어 주는 효과도 있다.

엄나무 알고 먹기

고르기 만져 보았을 때 부드럽고 연한 것이 좋다.

기본 손질 연해서 그냥 두면 색깔이 검은색으로 변하므로 가능하면 빨리 손질하여 데쳐 놓는다.

보관 방법 밑둥을 철사나 줄에 걸어 바람이 잘 통하는 그늘에 2~3일 말린다.

영양 성분 식물 전체에 사포닌과 정유 성분이 함유되어 있으며 뿌리와 순, 잎, 속껍질을 모두 이용한다. 만성 간염, 초기 간경화 증상, 신경통, 관절염, 피부병, 종기, 근육 마비 등에 효과가 있다.

포인트 엄나무와 닭을 함께 삶아 먹기도 하는데(엄계백숙) 실제로 엄나무와 닭은 궁합이 잘 맞는다.

엄나무순간장장아찌

재료 엄나무순 500g **달임장** 간장 1컵, 설탕·식초 각 1/2컵, 물 2컵, 청양고추 5개, 마늘 5쪽, 생강 1톨, 대파 1뿌리, 통후추 5g **양념** 다진 파, 다진 마늘, 설탕, 깨소금, 참기름 적당량

1 엄나무순을 끓는물에 소금을 약간 넣고 데쳐서 찬물에 헹군 뒤 채반에 널어 꾸덕꾸덕하게 말린다. 2 용기에 엄나무순을 넣고 달임장을 끓여 식혀 부은 뒤 재료가 떠오르지 않도록 무거운 돌로 눌러 놓는다. 3 2~3개월 뒤에 꺼내어 양념에 무쳐 먹는다.

※ 맛보기 : 아삭아삭 씹히는 맛이 매력인 감칠맛이 나는 장아찌. 엄나무순의 향기를 더 즐기고 싶다면 참기름과 마늘을 넣지 않고 무친다.

연근 수렴 작용과 지혈 작용으로 위궤양과 출혈을 예방

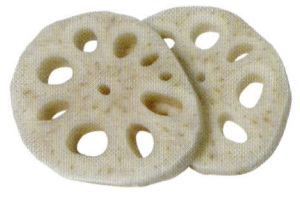

살캉살캉 씹히는 맛이 매력인 연근은 정력을 증강시켜 주고 진통 작용과 진정 작용을 하는 식탁의 건강식이다. 주성분은 탄수화물이지만 식물섬유도 풍부해 장 활동을 활발하게 하고 콜레스테롤 수치를 낮춰 준다. 연근을 자르면 단면이 검게 변하는데, 이는 탄닌과 철분에 의한 것으로 탄닌은 강력한 수렴 작용과 지혈 작용으로 위궤양과 출혈을 막아 준다. 식초물(물 1L에 식초 1큰술)에 담가두면 색이 변하는 것을 막을 수 있고, 아린 맛도 없어진다. 삶을 때도 식초를 조금 넣으면 씹는 맛이 좋아진다. 필수 아미노산인 레시틴도 들어 있어서 간 기능을 활성화해 준다. 비타민B12 함량도 높아 피로와 숙취를 풀어 주고 신경을 안정시켜 준다. 담배의 니코틴을 해독해 주는 아스파라긴산(aspartic acid)도 들어 있다. 예부터 중국에서는 연근을 '불로식(不老食)'이라 하여 애용했으며, 일본에서는 구멍을 통해 '앞이 훤히 보인다'는 이유에서 축하할 만한 날에 별식으로 먹는다. 잎과 꽃, 열매, 뿌리 등 전부를 식용 또는 약용한다.

연근 알고 먹기

고르기 마디가 적고 매끈하며 통통하고 묵직한 것이 좋다. 너무 가는 것은 섬유질이 억세므로 피한다.

기본 손질 양쪽의 꼭지를 잘라내고 칼이나 필러를 이용해 껍질을 벗긴다. 구멍은 수도꼭지에 대고 나무젓가락으로 파내듯 씻으면 된다.

보관 방법 흙이 묻어 있는 채로 신문지에 싸서 냉장고에 보관한다.

영양 성분 콜레스테롤과 중성 지방을 배출해 주는 섬유질이 풍부하다. 실처럼 끈적거리는 점액 성분인 무틴(mutin)이 탄수화물의 흡수 속도를 늦춰 열량이 축적되는 것을 막아 준다.

포인트 끓는물에 식초를 한 방울 넣고 삶으면 색깔이 희어지고 아린 맛도 사라진다.

연근고추장장아찌

재료 연근 300g, 식초 2큰술, 고추장 5컵, 물엿 1컵

1 필러를 이용해 연근 껍질을 벗겨 1cm 두께로 썬 다음 끓는물에 식초를 약간 넣고 데쳐 찬물에 헹군다. **2** 연근을 채반에 펼쳐 바람이 잘 통하는 곳에 말린다. **3** 연근을 고추장과 물엿에 버무려 망이나 베주머니에 담고 위에 고추장을 듬뿍 얹어 저장한다. **4** 3~4개월 정도 지나면 먹을 수 있다. 먹을 만큼만 꺼내 양념해서 먹는다.

※ 맛보기 : 사각사각 씹히는 연근 특유의 식감이 미각을 자극하는 장아찌

오이

상큼한 맛과 향, 서늘한 기운을 가진 여름 채소의 으뜸

오이는 고대 인도에서 실크로드를 타고 유럽으로 건너가 로마 시대부터 민간 약재로 다양하게 이용되어 왔다. 우리나라에서는 마디마다 높낮이 없이 잘도 열린다 하여 가난하지만 꿋꿋하게 살아가는 민초의 상징으로 여겼다. 상큼한 맛과 향 덕분에 여름 채소의 으뜸으로 꼽히는데, 수분이 많고 칼륨 함량이 높아 몸속에 쌓인 나트륨과 함께 노폐물을 밖으로 배출해 주는 효과가 있다. 수렴 효과가 높고 진정 작용을 하기 때문에 피부 미용에도 좋다. 뛰어난 이뇨 작용으로 부기를 빼 주고, 열을 내리고 해독하는 효과도 뛰어나다. 꼭지 부분에는 쿠쿠르비타신(cucurbitacin)A·B·C·D가 들어 있는데, 이 중 쿠쿠르비타신C는 암세포의 성장을 억제하고, 쿠쿠르비타신B는 간염에 효과를 발휘한다고 알려져 있다. 유럽에서는 피클이나 샐러드에 이용하고, 일본과 중국에서는 장아찌를 담그는 것이 고작이다. 하지만 우리나라는 냉국, 장아찌, 오이지, 샐러드, 김치, 볶음 등 가히 오이 요리의 천국이라 해도 될 만큼 오이를 다양하게 이용하고 있다.

오이 알고 먹기

고르기 껍질이 싱싱하고 윤기가 돌며 오돌토돌한 가시가 선명하게 돋아 있는 것이 신선하다.

기본 손질 겉에 오돌토돌한 가시가 돋아 있으므로 굵은 소금으로 문질러 씻은 뒤 쓴맛이 나는 꼭지 부분을 잘라 버리고 조리에 이용한다.

보관 방법 물기 없이 종이에 싼 뒤 비닐봉지에 넣어 냉장 보관한다.

영양 성분 칼로리가 거의 없는 다이어트 식품이자 알칼리성 식품으로, 칼륨이 풍부해 몸속의 나트륨을 배출해 준다.

포인트 다른 장아찌는 장을 끓여서 식힌 뒤에 붓지만 오이장아찌만큼은 뜨거운 상태에서 붓는다. 이렇게 해야 장아찌가 무르지 않고 아삭아삭하다.

오이간장장아찌

재료 오이 10개, 소금 1/2컵, 물 1L **달임장** 간장·물엿·물 각 2컵, 식초·설탕 각 1컵, 소주 3큰술, 마른 고추 3개, 멸치 50g, 다시마 5cm, 생강 1톨, 마늘 5쪽, 마른 고추 2개 **양념** 다진 파, 다진 마늘, 설탕, 깨소금, 참기름 적당량

1 길이가 짧고 통통한 재래종 오이를 준비하여 하나하나씩 소금으로 문질러 씻어 물기를 제거한 뒤 용기에 차곡차곡 담는다. **2** 냄비에 달임장 재료를 넣고 펄펄 끓여 뜨거운 상태에서 오이에 붓는다. **3** 5일 뒤 장물만 따라 다시 한번 끓여 식혀 용기에 붓는다. 이 과정을 2~3회 반복해야 맛이 잘 밴다. **4** 오이를 얇게 썰어서 무친 것을 가볍게 뭉쳐서 그릇에 담아 낸다.

※ 금방 먹을 것은 작게 썰어서 담그고, 오래 저장해 두고 먹을 것은 통째로 담가야 끝까지 짜지 않은 장아찌를 즐길 수 있다.

오이갑장과

재료 오이 2개(300g), 쇠고기 100g, 표고버섯 3장, 실고추 1g, 소금 3큰술, 잣가루 3큰술 **쇠고기 양념** 간장 1큰술, 설탕 2작은술, 파 1뿌리, 마늘 3쪽, 참기름·후추 각 1/4작은술, 깨소금 2작은술, 참기름 1작은술 **표고버섯 양념** 진간장 1작은술, 설탕 1/2작은술, 파 1/2뿌리, 마늘 2쪽, 깨소금 1작은술, 참기름 1/2작은술

1 오이를 4cm 길이로 잘라 도톰하게 막대처럼 썰어 소금에 20분 간 절여 면보에 싸서 물기를 꼭 짠다. **2** 쇠고기는 곱게 채 썰어 쇠고기 양념에 재우고, 표고도 가늘게 채 썰어 표고버섯 양념에 재운다. 실고추는 잘게 뜯어 놓는다. **3** 간장에서 무를 건져 손으로 꼭 짠다. **4** 팬에 식용유를 두르고 쇠고기를 볶다가 표고를 넣어 함께 볶다가 오이와 실고추를 섞는다. **5** 넓은 그릇에 쏟아 식힌 뒤 깨소금과 잣가루(준비한 분량의 절반)를 넣고 섞어 그릇에 담은 뒤 남은 잣가루를 뿌린다.

※ 맛보기 : 아삭아삭하면서도 짭쪼름한 맛이 입맛을 돋우는 장아찌
※ 오이갑장과와 무갑장과의 차이점은 오이는 소금에 절이고 무는 간장에 절인다는 점이다.

오이피클

재료 피클용 오이 1kg, 붉은 고추 2개, 작은 양파 1.5개 **시럽 재료** 식초 2.5컵, 설탕 1.5컵, 물 3컵, 소금 2큰술, 통후추 7개, 월계수 잎 2장, 통계피 10g, 생강 10g, 정향 5개

1 오이를 소금으로 문질러 씻어서 다시 약간의 소금을 묻혀 3시간 정도 절여 물기를 닦는다. **2** 고추는 꼭지 끝부분만 잘라낸 뒤 씻어서 물기를 제거한다. 양파는 껍질을 벗겨 4등분한다. **3** 통계피는 큼직하게 자르고 생강은 편으로 썰어 시럽 재료를 넣고 팔팔 끓인다. **4** 병을 끓는물에 소독하여 오이, 붉은 고추, 양파를 차곡차곡 담는다. **5** 뜨거운 피클 시럽을 병의 3/4정도까지 붓는다. **6** 김이 오른 찜통에 병을 안친 뒤 뚜껑을 병 위에 올려 5분간 둔다. **7** 뚜껑을 닫은 뒤 서늘한 곳으로 옮겨 3~4일 뒤에 먹는다.

오이고추장장아찌

재료 오이 10개(1.5kg), 고추장 3컵, 소금물(소금 1/2컵, 물 5컵) **양념** 다진 파, 다진 마늘, 설탕, 깨소금, 참기름 적당량

1 재래종 오이를 준비하여 소금으로 문질러 씻어 물기를 제거한 뒤 용기에 담는다. **2** 냄비에 소금물을 팔팔 끓여서 뜨거울 때 오이에 붓는다. **3** 절여진 오이를 건져서 채반에 널어 꾸덕꾸덕하게 말린다. **4** 말린 오이를 고추장에 넣어 2~3개월 정도 저장한다. **5** 오이에 간이 배면 고추장을 훑어내고 썰어서 갖은 양념에 무쳐 먹는다.

※ 오래 두고 먹을 것은 껍질이 상하지 않게 씻어야 한다. 굵은 소금으로 박박 문질러 씻지 말고 흙만 씻어낸 뒤 담근다. 뜨거운 소금물에 오이를 절여야 껍질이 연하고 아삭아삭한 질감을 느낄 수 있다.

원추리

풍부한 비타민이 춘곤증을 예방하고 정서 불안과 우울증을 치료

마음의 근심과 걱정을 잊게 해 준다 하여 망우초(忘憂草)라고도 불리는 원추리는 달래, 냉이, 두릅과 함께 봄을 대표하는 나물이다. 모양은 난과 비슷하지만 맛과 성질은 파와 비슷하며, 산채 가운데 맛이 가장 뛰어나다. 꽃은 샐러드나 생채, 튀김으로 이용하고 뿌리는 말려 두었다가 겨울에 묵나물로 먹는다. 어린 싹을 데친 나물은 달착지근하면서도 감칠맛이 난다. 하지만 독성이 있어서 과식하면 배탈이 날 수 있으므로 물에 데쳐서 2시간 정도 물에 담가 독성을 제거한 뒤에 이용해야 한다. 연한 잎은 살짝 데쳐서 초고추장이나 된장에 무쳐 먹거나 전으로 부쳐 먹으면 맛있다. 비타민이 풍부해서 춘곤증을 예방하고 정서 불안과 우울증을 치료하는 데 효과가 있으며, 소변이 안 나올 때 이뇨제로 이용할 수도 있다. 열량이 낮아 다이어트 식품으로도 효과가 좋다.

원추리 알고 먹기

고르기 대가 통통하고 싱싱한 것을 고른다.

기본 손질 잎이 흐트러지지 않게 뿌리 근처의 하얀 곳부터 칼로 자른다.

보관 방법 잎은 살짝 데쳐서 냉장 보관한다. 바싹 말려서 묵나물로 이용해도 된다.

영양 성분 뿌리 끝에 달려 있는 덩이구슬에 녹말과 단백질이 풍부하여 오래전부터 자양 강장제로 이용해 왔다.

포인트 원추리 꽃은 아삭하고 색감이 좋아 샐러드, 잡채, 나물, 김치, 꽃밥, 김밥, 전으로 이용한다. 뿌리에는 약간의 독이 있으므로 과잉 섭취는 피한다.

원추리간장장아찌

재료 원추리 500g **달임장** 간장·물 각 1컵, 설탕·식초·물엿 각 1/2컵, 마늘 5쪽, 소주 2큰술, 대파 1뿌리, 마른 고추 2개, 다시마 5cm **양념** 다진 파, 다진 마늘, 설탕, 깨소금, 참기름 적당량

1 원추리 잎은 흐르는 물에 깨끗이 씻어 물기를 제거한다. 2 달임장을 끓여 건더기만 건져낸 뒤 식혀서 식초를 붓는다. 3 용기에 원추리를 넣고 식힌 달임장을 부어 무거운 돌로 눌러 둔다. 3~4일, 일주일, 보름 간격으로 달임장만 따라내어 끓여서 식혀 붓기를 3회 반복하여 서늘한 곳에 보관한다. 4 먹을 만큼만 덜어 갖은 양념에 무쳐 먹는다.

※ 맛보기 : 아삭거리면서도 부드러운 느낌에 새콤달콤한 맛이 매력인 장아찌

은행 하루 5~6알만 꾸준히 먹어도 약

화려한 색깔과 특유의 향기로 가을 거리를 물들이는 은행은 식품이라기보다는 약으로 더 많이 인식된다. 실제로 가래를 삭히고 독을 제거하며 악성 종양과 임질을 치료하고 이뇨 작용(생 은행)을 하는 등 치료 효과가 뛰어나다. 기관지가 약한 사람은 껍질을 벗겨 볶아 꾸준히 먹으면 기관지가 튼튼해지고, 폐결핵이나 해수, 천식이 있는 사람은 기름에 2~3개월 정도 담갔다가 먹으면 효과를 볼 수 있다. 은행·호두·밤·생강·대추를 함께 넣고 달인 오과차(五果茶)는 천식 예방과 치료, 체력 보강, 피부 미용에 효과가 좋다. 속이 차고 추위를 많이 타는 사람이 먹어도 좋다. 최근에는 은행이 노인성 치매를 예방하고 치료하는 데 효과가 있다고 밝혀져 은행 추출물로 만든 약과 건강 식품이 인기를 끌고 있다. 중요한 것은 섭취량으로 성인은 하루 5~6알, 어린이는 2~3알이 적당하다. 날로 먹으면 중독 증상이 나타날 수 있으므로 구워 먹는 것이 좋다.

은행 알고 먹기

고르기 알이 고르고 깨끗하며 은행 특유의 냄새가 나는 것이 좋다.

기본 손질 작은 망치를 이용해 단단한 겉껍질을 제거한 뒤 속껍질을 벗겨 깨끗이 씻는다.

보관 방법 수분 함량을 11% 이하로 유지하여 통풍이 잘되는 곳에 보관한다.

영양 성분 몸이 산화되는 것을 억제해 주는 항산화 비타민인 베타카로틴과 비타민C·E가 풍부하여 노화를 억제하고 암세포가 성장하는 것을 막아 준다.

포인트 은행 특유의 냄새는 청산 배당체에 의한 것으로, 과식하면 식중독을 일으키므로 주의해야 한다.

은행간장장아찌

재료 은행 2컵(300g), 소금물(물 2컵, 소금 1큰술), 이쑤시개 **달임장** 간장 2컵, 물 1컵, 물엿·설탕 각 1/2컵, 다시마 5cm, 마른 고추 1개

1 냄비에 소금물과 은행을 넣고 5분 정도 끓여 소금물에 담가둔 채 껍질을 벗긴다. **2** 껍질 벗긴 은행을 이쑤시개에 3개씩 꿴다. **3** 달임장의 재료를 약불에서 천천히 끓여 식힌다. **4** 은행을 용기에 담은 뒤 위에 면보를 덮고 식힌 달임장을 붓는다. 반나절 정도 지나면 먹을 수 있는데 실온에 보관해야 쫀득쫀득하다. **5** 술안주로 적당하며, 먹을 때마다 조금씩 꺼내어 만들어 먹는 것이 좋다.

※ 맛보기 : 쫀득쫀득한 식감 때문에 자꾸만 손이 가는 귀한 장아찌. 냉장고에 넣으면 딱딱해져서 제맛을 즐길 수 없다.

잣 불로장생 & 신선의 식품으로 알려진 견과류

아몬드, 호두, 땅콩, 잣 등의 견과류는 항산화 작용을 하고 콜레스테롤 수치를 낮춰 주며 기억력이 감퇴하는 것을 막아 주고 치매와 심장병을 예방하는 효과를 인정받고 있는 건강 식품이다. 특히 몸에 좋은 불포화 지방산인 올레인산(oleic acid)이 풍부하여 동맥경화를 예방하고, 항산화 작용을 하는 비타민E가 들어 있어 뇌와 체세포가 노화되는 것을 막아 준다. 그중에서도 잣은 예부터 불로장생의 식품이자 신선의 식품으로 알려진 견과류로, 풍부한 영양과 고소한 맛이 특징이다. 올레산, 리놀레산, 리놀렌산 등의 불포화 지방산이 풍부하여 피부를 윤택하게 하고 혈압을 내려 주며 스태미나를 증강시켜 준다. 빈혈과 고혈압, 정력 쇠약의 묘약이자 피부 미용제이며, 임산부와 태아를 편안하게 해 주는 안태 식품이기도 하다. 한의서에서는 "오장을 윤택하게 하고 배고픔을 면하게 한다."고 했다. 하지만 대부분의 견과류는 지방 함량이 높아 과식하면 비만을 초래할 우려가 있으므로 적당히 먹는 것이 좋다.

잣 알고 먹기

고르기 중국산이 많이 들어와 있으므로 구입할 때 주의해야 한다. 국산은 씨눈이 거의 붙어 있지 않고 표면에 상처가 많다. 크기가 고르고 깨진 것이 많으며 맛이 고소한 것이 좋다.

기본 손질 껍질을 벗겨 마른 수건으로 깨끗하게 문질러 사용한다.

보관 방법 어둡고 서늘한 곳에 껍질채 보관한다. 냉동 보관도 가능하다.

영양 성분 신경 조직을 발달시켜 주고 뇌세포에 필수인 레시틴이 들어 있어서 두뇌 발달에 좋다.

포인트 호두보다 철분 함량이 높아서 수정과에 고명으로 띄우면 부족한 영양소를 보완할 수 있고 빈혈도 예방할 수 있다.

잣고추장장아찌

재료 잣 500g, 고추장 2컵, 물엿 5큰술, 설탕 2큰술 **양념** 깨소금, 참기름 적당량

1 잣을 마른 행주 위에 올려놓고 살살 문질러 닦는다.
2 잣을 고추장, 물엿, 설탕에 잘 버무려 베주머니에 넣은 뒤 바닥에 고추장을 깔고 위를 고추장으로 충분히 덮는다. 3 1개월 정도 지나면 꺼내어 양념해 먹는다.

※ 맛보기 : 고소한 맛이 일품인 영양 장아찌

죽순 오래 전부터 즐겨 먹어온 강장 식품

예부터 강장 식품으로 알려져 있는 죽순은 우리 선조들이 즐겨 먹어 온 식품으로, 조선시대 왕자들의 두뇌 발달을 위한 보양식에도 죽순죽이 포함되어 있다. 피로를 풀어 주고 춘곤증을 해소하는 데 필요한 비타민과 무기질이 풍부하며, 온몸의 기관을 통하게 하고 헛배가 부른 것을 해소해 주는 효과가 있다. 특히 정신과 피를 맑게 하고 숙취와 스트레스, 불면증을 해소해 주며 고혈압과 비만 등에 효과를 발휘한다. 현기증을 완화하고 가래를 제거하며 스트레스를 풀어 주는 효과가 있어서 조금씩 꾸준히 먹으면 좋다. 비타민C가 풍부해서 날로 먹어도 좋다. 죽순을 씹을 때 느껴지는 독특한 질감은 섬유질에 의한 것으로, 장을 규칙적으로 움직이게 하여 변비를 해소해 준다. 하지만 죽순은 수산을 함유하고 있어서 칼슘을 침착시켜 결석을 유발할 수도 있으므로 제거하고 이용해야 한다. 몸이 차가운 사람, 골다공증이 있거나 중이염을 앓고 있는 사람, 알레르기 체질인 사람에게도 맞지 않으므로 섭취하지 않는 것이 좋다.

죽순 알고 먹기

고르기 지나치게 크지 않고 만졌을 때 약간 단단한 것이 좋다. 너무 큰 것은 섬유질이 질길 수 있고, 너무 물렁한 것은 삶았을 때 쉽게 뭉개지기 때문에 좋지 않다.

기본 손질 통조림 죽순은 개봉 후 찬물에 30분 정도 담가두었다가 이용한다. 생 죽순은 껍질이 있는 상태로 쌀뜨물이나 뜨거운 물에 담가 3~5분간 삶아 껍질을 벗겨낸 뒤 하루 정도 찬물에 담갔다가 말려 물기를 제거한다.

보관 방법 신문지에 싸서 냉장고에 넣으면 2주 정도 보관 가능하다.

영양 성분 섬유질이 풍부해 변비에 좋고 대장암을 예방한다.

포인트 통조림 죽순의 흰 앙금은 수산염과 전분, 아미노산 등이 티록신과 결합해서 생긴 것이다. 씻어서 먹으면 문제없다.

죽순간장장아찌

재료 죽순 1kg **달임장** 간장·물 각 2컵, 식초·설탕·물엿 각 1컵, 마른 고추 3개, 소주 5큰술, 멸치 50g, 다시마 5cm, 표고버섯 2장 **양념** 다진 파, 다진 마늘, 설탕, 깨소금, 참기름 적당량

1 죽순을 쌀뜨물에 넣어 1시간 정도 삶는다. **2** 삶은 죽순의 껍질을 벗겨 2시간 정도 물에 담가두었다가 씻어서 물기를 제거한다. **3** 달임장을 끓여 식힌 것을 죽순에 붓는다. **4** 5일 정도 지나면 달임장을 따라 다시 끓여 붓기를 3회 반복한다. **5** 20일 정도 지나 죽순에 달임장이 배어 검은 빛이 돌면 꺼내어 갖은 양념에 무쳐 먹는다.

※ 맛보기 : 죽순 특유의 설컹거리는 식감이 매력인 짭조름한 장아찌

질경이

짓밟혀도 다시 살아나는 끈질긴 생명력

아무리 짓밟혀도 다시 살아나는 끈질긴 생명력을 가진 질경이는 우리나라 전역의 산과 들, 풀밭, 길가에 자라는 흔한 식물이다. 마차나 사람이 많이 다니는 단단한 땅에 자란다고 하여 차전초(車前草)라고도 불린다. 봄에서 초여름에 걸쳐 꽃대가 자라기 전에 잎과 뿌리를 채취하여 된장국에 넣어 먹거나 나물, 소금 절임으로 이용한다. 생잎은 쌈을 싸 먹기도 하고, 데쳐서 말려 두었다가 겨울에 묵나물로 이용하기도 한다. 다른 채소와 함께 기름에 볶거나 튀겨 먹어도 맛있다. 민간에서는 만성 간염이나 고혈압, 부종, 기침, 변비, 신장염 등에 두루 쓴다. 이뇨 작용이 뛰어나 몸속에 쌓인 불필요한 수분을 배출하고 요소와 요산을 배출해 준다. 간 기능을 강화하고 콜레스테롤 수치를 낮춰 주는 효과도 있다. 최근에는 암세포가 진행되는 것을 80%정도 억제해 준다는 실험 결과도 나와 더욱 주목받고 있다. 씨앗인 차전자는 기능성 식이섬유 보충제의 원료로 쓰인다.

질경이 알고 먹기

고르기 꽃이 피지 않은 어린순으로 잎이 짙은 녹색을 띠며 도톰한 것을 채취한다.

기본 손질 시든 잎과 뿌리를 제거한 뒤 흐르는 물에 깨끗이 씻는다.

보관 방법 잘 다듬은 질경이를 살짝 데쳐 냉장 또는 냉동 보관한다.

영양 성분 잎에 들어 있는 플라타킨이라는 성분은 호흡기의 운동을 조절해 주어 기침을 멎게 해 주는 부작용 없는 기침약이다.

포인트 비타민A · B1 · B2가 풍부한 질경이에 식물성 단백질이 풍부한 들깨 가루를 첨가하면 영양이 더욱 좋아진다.

질경이간장장아찌

재료 질경이 500g, 소금 **달임장** 간장·물 각 1컵, 설탕·식초·매실액·물엿 각 1/2컵, 마늘 5쪽, 소주 2큰술, 대파 1뿌리, 마른 고추 2개, 다시마 5cm **갖은 양념** 다진 파, 다진 마늘, 설탕, 깨소금, 참기름 적당량

1 질경이는 깨끗이 손질하여 씻은 뒤 소금물에 일주일 정도 삭힌다. **2** 삭힌 질경이를 헹구어 채반에 널어 꾸덕꾸덕하게 말린다. **3** 분량의 재료를 넣고 달임장을 만들어 건더기만 건져내고 장은 식힌다. **4** 용기에 질경이를 넣고 달임장을 부은 뒤 돌로 눌러 둔다. 3~4일, 일주일, 보름 간격으로 달임장만 따라내어 끓여서 식혀 붓기를 3회 반복하여 서늘한 곳에 보관한다. **5** 한 달 정도 지나면 꺼내어 갖은 양념에 무쳐 밥 위에 쪄서 먹는다.

※ 맛보기 : 질경이는 역시 질기다. 양념하여 밥 위에 얹어 쪄 먹으면 맛있다.

차조기(자소엽)

살균·방부 효과가 뛰어난, 깻잎을 닮은 채소

자소 또는 차즈기로도 불리며, 깻잎과 생김새가 비슷하지만 맛도 다르고 쓰임새도 다르다. 우리나라보다는 일본에서 훨씬 많이 이용되는데, 입맛을 돋우고 혈액 순환을 좋게 하며 땀을 잘 나게 하고 염증을 가라앉히며 기침을 멈추게 하고 소화를 돕는 등의 효과가 있다. 크게 청자조기와 붉은차조기가 있는데 청자조기는 어독(魚毒)을 억제하는 효과가 있어서 주로 어패류나 생선회에 곁들이고 붉은차조기는 식재료에 색을 들이는 데 사용한다. 잎과 열매, 종자를 약용 또는 식용하는데 소엽과 소두는 홍분제나 발한제로, 소자는 신경 안정 효과가 있어서 노이로제나 두통, 불면증을 치료하는 데 쓴다. 차조기로 짠 기름은 방부 효과가 뛰어나고, 그윽한 향이 나는 잎은 식욕을 돋구는 용도로 좋다. 땀이 조금 나고 목이 무겁고 배가 거북한 증상에도 쓰면 효과를 볼 수 있다. 심한 해수 증상이나 체기가 있어서 상복부가 팽창하거나 트림이 나오거나 식중독이나 찬 기운으로 인한 구토가 나는 경우에 처방해도 좋다.

차조기 알고 먹기

고르기 벌레 먹지 않은 연한 잎을 고른다.

기본 손질 흐르는 물에 깨끗이 씻어서 물기를 제거한다.

보관 방법 종이 타월로 물기를 닦아낸 뒤 비닐봉지에 담아 채소실에 보관한다.

영양 성분 향기 성분인 정유와 페릴알데히드가 방부 및 해독 작용을 한다. 소화기에 좋은 매실과 특히 궁합이 잘 맞으므로 차나 액기스로 만들어 두고 마실 것을 권한다.

포인트 여름 타는 것을 예방해 주므로 본격적인 더위가 시작되기 전에 꾸준히 마셔 두면 좋다.

차조기간장장아찌

재료 차조기 500g, 간장 1컵, 붉은 고추 3개, 마늘 6쪽, 생강 20g **달임장** 다시마 국물 2컵, 설탕 3큰술, 물엿 2큰술, 양파 채 1/2개 분량 **양념** 다진 파, 다진 마늘, 설탕, 깨소금, 참기름 적당량

1 차조기는 깨끗이 씻어서 물기를 뺀 다음 줄기를 짧게 잘라 내고 10장씩 묶어 놓는다. **2** 차조기를 오목한 그릇에 담은 뒤 간장을 붓고 숟가락으로 간장을 끼얹어 가면서 30분 정도 절인다. **3** 붉은 고추는 송송 썰어서 찬물에 헹궈 씨를 빼 놓고 마늘과 생강은 채 썰어 둔다. **4** 달임장을 끓여 건더기를 건져 낸다. **5** ②의 차조기를 건진 뒤 간장에 ④를 부어 반으로 줄어들 때까지 끓여서 식힌 뒤 ③을 섞어 둔다. **6** ②를 용기에 차곡차곡 담고 사이사이에 ⑤를 부어 손으로 꾹꾹 눌러 냉장고에 넣는다. **7** 이틀 정도 지나면 먹을 수 있다.

※ 맛보기 : 차조기 특유의 향이 살아 있어 보약처럼 느껴지는 장아찌

참나물

풍부한 베타카로틴이 눈 건강에 뛰어난 효과 발휘

아삭아삭한 식감과 특유의 향긋함으로 식욕을 돋우고 입맛을 사로잡는 봄나물이다. 잎줄기에 3장의 잎이 붙어 있다 하여 삼엽채라고도 부른다. 전국의 높은 산기슭, 습기가 많은 곳에 자생하며, 주로 이른봄에 채취한 어린잎을 살짝 데쳐서 나물로 먹거나 쌈채소로 이용한다. 살짝 데쳐서 국에 얹거나 볶아 먹거나 생으로 샐러드에 넣어 즐기기도 한다. 비타민, 철분, 칼슘, 베타카로틴 등의 성분을 골고루 함유하고 있어서 영양적으로도 가치가 높다. 특히 몸속에 들어가 비타민A로 전환되는 베타카로틴이 풍부해 눈 건강에 뛰어난 효과를 발휘한다. 실제로 참나물즙을 매일 꾸준히 2잔씩 복용하면 눈이 밝아지고 체질이 개선된다고 한다. 간장 기능을 향상시켜 주는 효과도 있어서 간암이나 간염 등의 간 질환을 앓고 있는 사람이 먹으면 효과를 볼 수 있다. 철분이 많이 들어 있어서 빈혈에도 효과가 좋고, 지혈제와 해열제로 이용되기도 한다.

참나물 알고 먹기

고르기 짙은 초록색을 띠고 싱싱하면서 줄기가 통통한 것을 고른다.

기본 손질 시든 잎과 뿌리를 제거한 뒤 깨끗이 씻어서 물기를 제거한다.

보관 방법 신문지나 키친타월에 싸서 분무기로 물을 약간 뿌린 뒤 냉장 보관한다.

영양 성분 열량이 낮아서 다이어트에 좋고, 비타민A의 전구체인 베타카로틴이 풍부해 안구 건조증을 예방해 준다.

포인트 특유의 향을 가지고 있어서 육류와 잘 어울리므로 고기 요리를 할 때 함께 넣으면 좋다.

참나물간장장아찌

재료 참나물 1kg **달임장** 간장·물 각 2컵, 설탕·식초·매실액 각 1컵, 마늘 5쪽, 소주 3큰술, 대파 1뿌리, 마른 고추 3개, 다시마 5cm **양념** 다진 파, 다진 마늘, 설탕, 깨소금, 참기름 적당량

1 끓는물에 소금을 넣고 참나물을 데쳐 찬물에 헹군 뒤 채반에 펼쳐 꾸덕꾸덕하게 말린다. **2** 분량의 재료를 넣고 달임장을 만들어 건더기만 건져내고 장은 식힌다. **3** 용기에 참나물을 넣고 달임장을 부은 뒤 돌로 눌러 둔다. 3~4일, 일주일, 보름 간격으로 달임장만 따라내어 끓여서 식혀 붓기를 3회 반복하여 서늘한 곳에 보관한다. **4** 먹을 만큼만 덜어 갖은 양념에 무쳐 먹는다.

※ 맛보기 : 살캉살캉한 씹히는 줄기의 미감이 참나물 향과 잘 어우러진다.

참외

다이어트 식품으로 좋은 여름철 대표 과일

맛이 달다고 하여 첨과(甛瓜), 뛰어나다고 하여 진과(眞果)라고도 불리는 참외는 땀을 많이 흘리거나 갈증이 날 때 먹으면 좋은 여름철 대표 과일이다. 열을 내려 줄 뿐만 아니라 이뇨와 변비, 피로 회복에도 효과가 좋다. 알칼리성 식품인 데다 칼로리가 낮아 다이어트 식품으로도 좋고, 비타민A·B·C를 비롯해 니아신, 칼슘, 인 등의 영양소가 골고루 들어 있다. 민간에서는 오래 전부터 황달이나 수종, 가래, 기침 등을 다스리는 데 이용했다. 하지만 성질이 차가우므로 몸이 냉하거나 설사를 자주 하는 사람은 섭취에 주의해야 한다. 몸이 산성화되는 것을 막아 주는 쿠쿠르비타신과 항암 효과를 가진 천연 물질인 베타카로틴도 들어 있다. 최근에는 참외가 과일류 중 엽산 함유량이 가장 많다는 연구 결과도 발표되었다. 엽산은 임산부에게 꼭 필요한 성분으로, 하루 1개(400g 기준)씩 꾸준히 먹으면 태아의 신경 조직 발달에 도움이 된다. 피클, 화채, 지짐이 등으로 만들어 먹어도 맛있다.

참외 알고 먹기

고르기 골이 깊고 선이 곧으며 꽃자국이 작고 선명한 노란색을 띠는 것이 상품이다. 장아찌를 담글 때는 약간 덜 익어 쓴맛이 나는 것을 고른다.

기본 손질 깨끗이 씻어서 반으로 갈라 속을 파서 씨를 제거해 둔다.

보관 방법 싱싱한 것을 구입하여 5℃ 온도에 냉장 보관해 두었다가 먹는다.

영양 성분 엽산이 풍부해 임산부에게 좋다.

포인트 참외와 땅콩은 상극이므로 함께 먹지 않는 것이 좋다. 참외의 차가운 성질과 땅콩의 기름기가 조화를 이루지 못하기 때문이다. 고추장 항아리에 참외를 박아 두면 고추장 전체의 맛이 떨어지므로 고추장을 덜어내어 따로 담그는 것이 좋다.

참외고추장(된장)장아찌

재료 참외 5개(3kg), 소금 1.5컵, 고추장 적당량 **양념** 다진 파, 다진 마늘, 설탕, 깨소금, 참기름 적당량

1 덜 익은 참외를 반으로 잘라 속을 긁어낸 뒤 물에 씻는다. **2** 참외를 소금에 2~3시간 정도 절여서 햇볕에 2~3일간 꾸덕꾸덕하게 말린다. **3** 말린 참외를 고추장이나 된장에 박아 숙성시킨다. **4** 2~3개월 뒤에 잘게 썰거나 채 썰어 갖은 양념에 무쳐 먹는다.

참외간장장아찌

재료 참외 작은 것 10개(개당 150g), 소금 1컵 **달임장** 진간장 · 국간장 · 소주 각 1컵, 물 3컵, 설탕 · 물엿 각 1/2컵, 다시마 10cm, 물엿 2큰술 **양념** 다진 파, 다진 마늘, 설탕, 깨소금, 참기름 적당량

1 크기가 작고 단단한 타원형의 참외를 골라 깨끗이 씻어서 반으로 갈라 씨를 제거한다. **2** 참외를 소금에 2~3시간 정도 절여 채반에 꾸덕꾸덕하게 말린다. **3** 끓여서 식힌 달임장을 참외에 부은 뒤 무거운 것으로 눌러 숙성시킨다. **4** 1개월 뒤에 잘게 썰거나 채 썰어 갖은 양념에 무쳐 먹는다.

※ 맛보기 : 오돌오돌 씹히는 소리가 식욕을 돋구는 장아찌

칡

맛과 향이 녹용과 비슷한 뿌리 채소

연근이나 우엉, 더덕, 당근과 같은 뿌리채소는 흙의 영양분을 고스란히 빨아들이기 때문에 박테리아나 효소, 미네랄 등이 풍부해 세포를 튼튼하게 해 준다. 칡 역시 이러한 뿌리채소의 장점을 그대로 가진 식품으로, 씹을수록 달착지근하면서도 싸한 맛과 향이 일품이다. 당분, 섬유질, 무기질, 비타민이 고루 들어 있는데, 특히 오래 묵은 것일수록 전분 함량이 많아 과거 식량이 귀하던 시절에는 구황 작물로 이용되기도 했다. 공복감을 줄여 주고 영양분의 과잉을 막아 주며 체력을 유지해 주는 효과가 있어 최근에는 다이어트 식품으로 이용되고 있다. 특히 땅속에서 막 올라온 새순은 그 맛과 향이 녹용과 비슷하고, 지속적으로 쓰면 효능도 비싼 녹용 못지 않다. 어린순은 나물을 무쳐 먹으면 그 맛이 일품이고, 쌀과 섞어 칡밥을 지어 먹기도 한다. 잎과 꽃은 차로 이용하고, 뿌리와 꽃으로 담근 술은 약술이 되니 말 그대로 고마운 풀뿌리다.

칡 알고 먹기

고르기 연두빛 순에서 좀 더 성장한 연초록 잎을 고른다. 칡뿌리를 고를 때는 전체적으로 갈색 털이 있고 무거운 것을 고른다.

기본 손질 흐르는 물에 깨끗이 씻어서 털을 제거하고 햇볕에 잘 말린다.

보관 방법 통째로 신문지에 싸서 직사광선을 피해 통풍이 잘되는 서늘한 곳에 보관한다.

영양 성분 식물성 에스트로겐인 다이드제닌(daidzein) 성분이 들어 있어서 갱년기 여성의 뼈를 튼튼하게 해 준다.

포인트 달걀과 함께 요리해 먹으면 칡에 부족한 단백질과 무기질을 달걀이 보충해 주어 영양 효과가 높아진다.

ⓒ ZP 정희원

칡잎된장장아찌

재료 칡잎(1kg), 소금물(물 3.6L 소금 1.5컵), 된장 500g **달임장** 간장·물 각 2컵, 설탕·식초·매실액 각 1/2컵, 마늘 5쪽, 소주 3큰술, 대파 1뿌리, 마른 고추, 통후추 10g **양념** 다진 파, 다진 마늘, 설탕, 깨소금, 참기름 적당량

1 칡잎을 한 장씩 흐르는 물에 씻어 10~20장씩 실로 묶어 둔다. **2** 칡잎을 연한 소금물에 담가 무거운 돌로 눌러 두고 10일 정도 삭혀 물기를 제거한다. **3** 칡잎을 차곡차곡 담은 뒤 달임장을 끓여 식혀 붓고 맨 위에 넓적한 돌을 얹어 눌러 놓는다. **4** 맨 위에 된장을 1cm 두께로 고루 덮은 뒤 뚜껑을 덮는다. **5** 2~3개월 정도 지나면 먹을 수 있다. 갖은 양념을 하여 밥 위에 쪄서 먹으면 된다.

※ 맛보기 : 콩잎과 질감이 비슷하며 순한 쓴맛이 나는 장아찌

콩잎
이소플라본을 함유하고 있는 콩 못지 않은 건강 식품

보통 장아찌나 김치로 만들어 먹는 콩잎은 콩에 비해 활용도가 낮고 깻잎처럼 대중화된 식품은 아니지만 최근 들어 콩잎에 들어 있는 건강 기능 성분이 속속 밝혀지면서 그 가치를 인정받고 있다. 특히 콩잎에는 콩에 함유된 기능성 물질 외에도 이소플라본류 5종, 플라본류 3종, 플라보놀 1종, 테르캅판류 2종, 페놀성 화합물 2종, 소야사포닌 2종, 당알코올 1종 등 16종의 생리 화학 물질이 들어 있어서 식재료로는 물론 의약품으로서도 가치가 크다. 게다가 콩은 농약 없이도 재배가 가능하고, 콩잎을 20~30% 정도 따 내더라도 종자를 수확하는 데 문제가 없다. 콩과 식물에만 함유되어 있는 이소플라본은 유방암·전립선암·골다공증·심장병을 비롯한 암과 생활습관병 예방 효과를 인정받고 있다. 플라본과 플라보놀 또한 강력한 항산화 작용을 통해 고지혈증이나 동맥경화, 폐암 등에 효과를 나타낸다. 테르캅판은 동맥경화 예방에 도움을 주고, 소야사포닌은 인삼 사포닌과 유사한 식물성 스테롤로 항암 작용을 하고 고지혈증에 효과를 나타낸다.

콩잎 알고 먹기

고르기 질기지 않은 연하고 어린잎이 좋다. 수확기에 노랗게 단풍 든 콩잎도 매우 좋다.

기본 손질 흐르는 물에 깨끗이 씻어서 키친타월로 물기를 제거한다.

보관 방법 비닐봉지에 담아 냉장 보관한다.

영양 성분 여성 호르몬인 에스트로겐 역할을 하고 골다공증 예방과 유방암이 발생하는 것을 억제한다고 알려져 있는 이소플라본이 풍부하다.

포인트 콩잎을 소금물에 절인 뒤 달임장에서 삭힌 다음 된장이나 고추장에 박아 두었다가 쌈을 싸 먹거나 갖은 양념에 무쳐 먹어도 별미다.

콩잎간장장아찌

재료 콩잎(1kg), 소금물(물 10컵, 소금 1컵) **달임장** 간장 2컵, 물·식초·설탕·물엿 각 1컵, 소주 1/2컵, 마른 고추 3개, 통후추 10g **양념** 다진 파, 다진 마늘, 설탕, 깨소금, 참기름 적당량

1 누렇게 단풍이 든 콩잎을 골라 한 장씩 흐르는 물에 씻어 10~20장씩 실로 묶어 단을 만든다. **2** 콩잎을 연한 소금물에 일주일 정도 삭혀 씻어 물기를 뺀 뒤 채반에 넌다. **3** 콩잎 단을 용기에 차곡차곡 담고 달임장을 끓여 식혀 부은 뒤 돌로 눌러 둔다. **4** 5일, 10일째 되는 날 양념 간장을 따라내 끓여 식힌 것을 다시 붓는다. **5** 2~3개월 뒤에 갖은 양념을 하여 밥 위에 얹어 먹는다.

※ 맛보기 : 질감이 부드러워 밥에 싸 먹으면 좋은 장아찌로 소금물에 삭힌 콩잎을 멸치젓국이나 액젓을 숟가락으로 끼얹어 가며 절여서 저장하기도 한다.

콩잎된장장아찌

재료 콩잎(1kg), 소금물(물 10컵, 소금 1컵), 된장 5컵 **달임장** 간장 2컵, 물·식초·설탕·물엿 각 1컵, 소주 1/2컵, 마른 고추 3개, 통후추 10g **양념** 다진 파, 다진 마늘, 설탕, 깨소금, 참기름 적당량

1 누렇게 단풍이 든 콩잎을 골라 한 장씩 흐르는 물에 씻어 10~20장씩 실로 묶어 단을 만든다. **2** 콩잎을 연한 소금물에 일주일 정도 삭혀 씻어 물기를 뺀 뒤 채반에 넌다. **3** 콩잎 단을 용기에 차곡차곡 담고 달임장을 끓여 식혀 부은 뒤 돌로 눌러 둔다. **4** 5일, 10일째 되는 날 양념 간장을 따라내 끓여 식힌 것을 다시 붓는다. **5** 한 달 정도 지나면 용기에서 꺼내 콩잎 단에 스민 간장을 꼭 짠 뒤 양파 망에 넣는다. **6** 용기 바닥에 된장을 깔고 양파를 넣은 뒤 된장을 넉넉히 덮어서 누르고 윗소금을 뿌린다.

토마토

암을 예방하고 노화를 방지하는 리코펜이 풍부

유럽 속담에 '토마토가 빨갛게 익으면 의사의 얼굴이 파래진다.'는 속담이 있을 정도로 토마토는 영양적 가치가 뛰어나다. 그중에서도 토마토를 대표하는 핵심 성분은 붉은 부분에 들어 있는 리코펜(lycopene)으로, 항암 작용과 노화 방지, 심혈관 질환 예방, 혈당 저하 등의 효과를 인정받고 있다. 모세혈관을 튼튼하게 하고 지방의 소화를 돕기 때문에 고혈압이나 동맥경화 등에도 효과를 발휘한다. 골다공증을 예방해 주는 효과도 있어 갱년기 여성의 건강을 지켜 준다. 비타민C도 풍부하여 하루 한 개면 하루에 필요한 비타민C 권장량의 2/3를 보충할 수 있고, 감기와 스트레스에 대한 저항력도 높아진다. 열량은 낮고 수분과 식이섬유는 풍부하여 최적의 다이어트 식품으로 꼽히기도 한다. 비타민, 칼슘, 칼륨, 미네랄 등의 성분도 풍부하여 영양이 결핍되는 것을 막아 주니 가히 최고의 식품이라 할 만하다.

토마토 알고 먹기

고르기 겉으로 보았을 때 광택이 나고 만져 보아 단단하고 무거우며 꼭지가 덜 마른 것이 좋다. 표면에 탄력이 없고 지나치게 많이 익은 것은 피한다.

기본 손질 윗부분에 열 십 자로 칼집을 넣고 포크로 찔러 뜨거운 물에 넣어 굴려 가며 데친 뒤 찬물에 담그면 껍질이 쉽게 벗겨진다.

보관 방법 덜 익은 토마토를 냉장고에 넣으면 익지 않으므로 밖에서 숙성시켜 냉장고에 넣는다.

영양 성분 혈압을 내리고 혈관을 튼튼하게 하며 암과 동맥경화를 예방해 주는 리코펜과 루틴이 풍부하다.

포인트 고기나 생선 같은 기름진 음식과 함께 먹으면 소화를 촉진하여 위의 부담을 덜어 준다. 칼륨이 풍부하므로 설탕보다는 소금에 찍어 먹는 것이 좋다.

토마토간장장아찌

재료 푸른 토마토 1kg, 소금 1컵 **달임장** 간장 2컵 물·식초·설탕·물엿 각 1컵, 소주 1/2컵, 마른 고추 3개, 통후추 10g **양념** 다진 파, 다진 마늘, 설탕, 깨소금, 참기름 적당량

1 토마토를 2등분하여 씻어서 소금을 뿌려 돌로 눌러 3~4시간 정도 절인다. 2 절인 토마토를 맑은 물에 헹구어 채반에 펼쳐서 햇볕에 꾸덕꾸덕하게 말린다. 3 달임장을 끓여서 식힌 것을 붓고 위를 돌로 눌러 놓는다. 4 20일 정도 지나 맛이 들면 꺼내어 갖은 양념에 무쳐 먹는다.

톳
씹으면 톡톡 터지는 질감이 좋은 해조류

우리나라보다는 일본에서 더 즐겨 먹는 해조류로, 한때는 전량을 일본으로 수출하던 품목이기도 하다. 모양이 사슴 꼬리와 비슷하다고 하여 '녹미채(鹿尾菜)'라고도 부르며, 보릿고개가 있을 때만 해도 톳밥을 지어 구황 식품으로 이용하기도 했다. 봄에서 초여름에 걸쳐 가장 연하고 맛이 좋으며, 샐러드나 밥, 무침, 냉국 등으로 이용한다. 미역이나 김, 다시마 같은 해조류에는 칼슘, 칼륨, 철, 인, 요오드 등의 무기질이 풍부한데, 특히 톳에는 철분이 풍부하여 빈혈을 예방하고 치료하는 데 효과가 좋다. 나트륨을 배출해 주는 칼륨도 풍부하여 혈압이 높거나 스트레스를 많이 받는 사람이 먹으면 좋다. 꾸준히 먹으면 치아가 건강해지고 머리카락이 윤택해진다고 한다. 태아의 뼈를 튼튼하게 해 주므로 임산부가 먹어도 좋다. 섬유질이 풍부해 변비를 해소해 주고, 점액질의 물질이 창자의 소화 운동을 자극하여 배변을 원활하게 하는 작용도 한다.

톳 알고 먹기

고르기 광택이 있으면서 굵기가 일정한 것이 좋다.

기본 손질 흐르는 물에 지저분한 것을 털어낸 뒤 찬물에 담가 20~30분 정도 불린다.

보관 방법 깨끗이 씻어서 비닐봉지에 넣어 냉장 보관한다.

영양 성분 풍부한 철분이 빈혈을 예방해 준다.

포인트 톳을 물에 불릴 때 식초를 약간 넣으면 비린 맛이 사라져 거부감 없이 즐길 수 있다.

톳간장장아찌

재료 톳 500g, 간장 3컵, 육수 2컵, 소금 약간 **양념** 고추장 1컵, 된장 1큰술, 육수 2컵 **양념** 다진 파, 다진 마늘, 설탕, 깨소금, 참기름 적당량

1 톳은 여러 번 씻어서 마지막에 연한 소금물에 헹구어 체에 받쳐 물기를 뺀다. 2 톳에 간장과 육수를 1컵씩 부어 버무린 뒤 채반에 널어 그늘에서 꾸덕꾸덕하게 말린다. 3 톳에 간장과 육수를 1/2컵씩 붓고 다시 버무려 말린다. 흘러나온 간장을 양념장에 넣고 끓여 다시 붓는 과정을 2회 반복하면서 말린다. 4 ③에 양념을 넣고 버무려 밀폐 용기에 담은 뒤 꼭꼭 눌러 서늘한 곳에 저장한다. 5 먹을 만큼만 덜어 갖은 양념에 무쳐 먹는다.

※ 맛보기 : 입안 가득 바다 향이 살아나는 장아찌

피망

다양한 색깔만큼이나 효능도 다양한 단 고추

'단 고추(sweet pepper)'라 불리며 각종 요리와 샐러드에 더해져 음식을 보기 좋게 만들고 아삭한 식감으로 입맛을 사로잡는 피망은 다양한 색깔만큼이나 효능도 다양하다. 특히 비타민 캡슐이라 불릴 만큼 비타민이 풍부해 중간 크기의 피망 한 개면 하루에 필요한 비타민C 권장량을 보충할 수 있다. 발암 물질을 억제하고 항산화 작용을 한다고 알려진 베타카로틴도 풍부하다. 비타민C가 산화되는 것을 막아 주는 비타민P도 들어 있어서 피망을 먹으면 비타민C를 더욱 효과적으로 섭취할 수 있다. 색깔에 따라 들어 있는 성분이 조금씩 다른데, 녹색 피망에는 유전자가 손상되는 것을 막아 주고 항암 작용을 하는 클로로필이 풍부하고, 보라색과 갈색에는 지방 세포의 기능을 개선하여 비만을 억제해 주는 안토시아닌이 들어 있으며, 붉은 피망에는 몸속에 들어가 비타민A로 변환되어 카로틴이 많이 들어 있다. 그러므로 피망을 먹을 때는 여러 가지 색깔을 골고루 섭취하는 것이 좋다.

피망 알고 먹기

고르기 짙은 녹색을 띠고 광택이 있으며 살이 두껍고 탄탄한 것이 싱싱하다. 붉은 피망은 녹색 피망이 익은 것으로, 더 달다.

기본 손질 꼭지 부분을 잘라낸 뒤 꼭지가 붙어 있던 흰 부분을 잘라내고 씨를 턴다. 둥글게 썰어서 사용할 때는 꼭지 부분만 잘라내고 칼끝으로 속과 씨 부분을 통째로 제거한다.

보관 방법 저장성이 좋아 냉장고에서 10일 정도 보관 가능하다. 조리하고 남은 것은 신문지에 싸거나 비닐봉지에 넣어 냉장 보관한다.

영양 성분 수분이 93%이며 단백질, 탄수화물, 비타민A 등이 함유되어 있다.

포인트 지방질과 곁들여 먹으면 흡수율이 높아진다. 생으로 먹거나 고기와 함께 먹으면 비타민이 덜 파괴된다.

피망피클

재료 청홍 피망 각 2개, 대파 5대, 양파 1/2개, 레몬 1개 **시럽 재료** 물 1컵, 식초 1.5컵, 설탕 1/2컵, 소금 1.5큰술, 월계수 잎 2장, 통후추 5개, 정향 4개, 소금 약간

1 청홍 피망은 반으로 잘라 속을 털어낸 뒤 알맞은 크기로 썬다. **2** 연한 소금물에 피망을 씻어 건져서 물기를 제거한다. **3** 양파는 뿌리 쪽을 그대로 둔 채 길이 방향으로 4~5등분한다. **4** 대파는 다듬어 씻어서 물기를 닦아낸 뒤 적당한 크기로 썰고, 레몬은 반달 모양으로 썰어 놓는다. **5** 소독한 병에 피망, 양파, 레몬, 대파를 담고 분량의 시럽 재료를 끓여 병에 붓는다. **6** 김이 오른 찜통에 병을 안친 뒤 뚜껑을 병 위에 올려놓은 상태로 5분간 둔다. **7** 찜통 안에서 병 뚜껑을 닫은 뒤 서늘한 곳으로 옮겨 3~4일 뒤에 먹는다.

호박잎

맛과 색, 영양 면에서 빠질 데 없는 국민 채소

여름철 밭둑이나 담장 밑에 덩굴지어 자라는 호박은 우리 민족에게 매우 정겹고 유익한 먹거리다. 연한 애호박이냐 늙은 청둥호박이냐에 따라 쓰임새와 맛이 다른데, 애호박은 주로 볶음이나 나물, 전으로 이용하고 청둥호박은 떡에 넣거나 죽을 만들어 먹거나 약으로 쓴다. 한방에서는 호박을 자주 먹으면 풍이 예방된다고 하고, 산모의 산후 부기를 빼는 데도 효과가 좋다. 호박 과육뿐만 아니라 꽃과 잎, 씨앗 모두 맛과 색, 영양 면에서 어느 하나 빠질 데가 없다. 특히 연한 잎을 따다 자잘하게 박힌 가시털을 제거한 뒤 살짝 삶아 된장을 얹어 싸 먹는 호박잎쌈은 여름 한철에만 즐길 수 있는 별미다. 피부 점막을 튼튼하게 해 주는 카로틴 형태의 비타민A가 풍부한데, 흡수율을 높이기 위해서는 기름에 볶아 먹는 것이 좋다. 비타민C도 들어 있어서 피부 미용을 도와주고 노화를 막아 준다. 기침이 심할 때 호박씨를 구워서 꿀에 섞어 먹으면 기침이 멎고, 젖이 부족한 산모가 먹으면 젖이 많이 나온다.

호박 & 호박잎 알고 먹기

고르기 쌈용은 연한 것이 좋고, 장아찌용은 약간 빳빳한 것이 좋다.

기본 손질 자잘하게 박힌 가시털을 제거한 뒤 소금에 살짝 절인다.

보관 방법 신문지에 싸서 냉장 보관한다. 오래 두면 색깔이 누렇게 변한다.

영양 성분 주성분이 당질인데 소화 흡수가 잘되는 형태로 들어 있어서 위장이 약하거나 회복기에 있는 환자에게 좋다.

포인트 동짓날에 호박을 먹으면 중풍에 걸리지 않고 장수한다고 한다. 겨울에 부족해지기 쉬운 비타민을 공급해 주기 때문이다.

호박잎간장장아찌

재료 호박잎 500g **달임장** 간장·물 각 1컵, 설탕·식초·매실액·물엿 각 1/2컵, 마늘 5쪽, 소주 2큰술, 대파 1뿌리, 마른 고추 2개, 다시마 5cm **양념** 다진 파, 다진 마늘, 설탕, 깨소금, 참기름 적당량

1 찬바람을 맞아 뻣뻣해진 호박잎을 준비하여 줄기를 벗겨낸 뒤 한 장씩 흐르는 물에 씻어 소금에 절인다. **2** 절여진 호박잎을 꼭 짜서 채반에 펼쳐 물기를 제거한다. **3** 달임장 재료를 넣고 끓으면 약한 불에서 약 20분 정도 달여 식힌다. **4** 용기에 호박잎을 넣고 달임장을 부어 돌로 눌러 둔다. 3~4일, 일주일, 보름 간격으로 달임장만 따라내어 끓여서 식혀 붓기를 3회 반복하여 서늘한 곳에 보관한다. **5** 먹을 만큼만 덜어 갖은 양념에 무쳐 먹는다.

※ 맛보기 : 양념한 것을 그대로 또는 쪄서 쌈으로 먹는 장아찌

특별하게 즐기는 장아찌

굴비 기운을 북돋아 주는 건강 생선

굴비는 소금에 절여 통째 말린 조기를 말한다. 기운을 북돋워 준다 하여 한자로 도울 '조(助)' 자와 기운 '기(氣)' 자를 써서 조기(助氣)라고 표기한다. 고급 생선으로 여겨져 예부터 제상에 반드시 오르는 생선이기도 하다. 부드럽고 담백한 조기의 흰 살은 소화가 잘되고, 지방질은 적고 양질의 단백질과 철분, 무기질 등이 풍부해 성장기에 있는 어린이의 영양식과 기운이 떨어진 노인의 원기 회복식으로 좋다. 비타민A와 D도 풍부해 야맹증과 눈 질환에 효과가 좋고, 피로를 푸는 데도 효과를 발휘한다.《동의보감》에서도 "뱃속에 탈이 생겨 팽팽하게 부어 오르는 복창이나 설사, 체증, 신경성 위장병에 효과가 있다."고 했다. 하지만 소금에 절여지면서 산성 식품화 되었으므로 해조류나 채소 등의 알칼리성 식품과 함께 먹는 것이 좋다.

굴비 알고 먹기

고르기 전체적으로 연한 황금색에 주둥이 주변은 주황색을 띠고, 배쪽은 노란색을 띠며, 지느러미가 짧아야 한다. 살이 탄력 있고 비늘이 밀착되어 있으며 비린내가 적은 것을 고른다.

기본 손질 소금물에 씻어 지느러미를 잘라내고 비늘을 긁는다. 배를 가르지 말고 아가미 사이로 나무젓가락을 넣어 돌려 가며 내장을 제거한 뒤 이용한다.

보관 방법 팩에 담아 냉장 또는 냉동 보관한다. 말릴 때는 공기가 잘 통하는 그늘에 걸어두고 적당히 마르면 냉장 보관한다.

영양 성분 예부터 영양식과 병후식으로 이용되어 왔을 만큼 단백질과 무기질이 풍부하다.

포인트 양념구이를 할 때는 생선이 절반 정도 익으면 양념장을 2~3회 정도 발라 속까지 잘 익도록 은근한 불에서 익힌다.

굴비고추장장아찌

재료 굴비 2마리, 고추장 3컵, 물엿 1컵, 청주 6큰술

1 조기는 내장을 빼고 비늘을 긁어 손질한 뒤 바짝 말려 굴비를 만든다. **2** 굴비를 젖은 수건으로 닦아 항아리에 켜켜이 담고 고추장으로 덮는다. **3** 먹을 때는 한 마리씩 꺼내어 먹기 좋은 크기로 살을 발라 참기름을 약간 넣고 장아찌용 고추장에 무쳐 먹는다.

※ 맛보기 : 꼬득꼬득하면서도 고소한 맛을 내는 여름철 최고의 밑반찬

특별하게 즐기는 장아찌

도토리묵
인체의 중금속과 유해 물질을 배출하는 효과가 탁월

도토리에 들어 있는 아콘산과 탄닌은 인체의 중금속과 유해 물질을 흡수하여 배출시키는 작용을 한다. 이 작용을 통해 몸속에 쌓인 노폐물을 효과적으로 배출해 준다. 도토리 1kg에서 추출한 아콘산이 중금속에 오염된 폐수 45톤을 정화할 만큼 효과가 강력하다. 묵은 녹두나 도토리, 메밀 등의 곡식이나 나무 열매의 앙금을 되게 쑤어 만든 식품이다. 녹두묵은 봄에 깔끔한 맛으로, 도토리묵은 여름과 가을에 쌉싸래한 맛으로, 메밀묵은 겨울에 텁텁한 맛으로 즐긴다. 손가락으로 살짝 눌러 보아 탄력 있게 튀어나오는 것이 좋은 묵이다. 얼마나 좋은 녹말을 썼느냐에 따라서도 좋은 묵인지 아닌지가 구분되는데, 쉽게 깨지는 것은 다른 가루가 섞인 것이다. 남은 묵은 냉장 보관하고, 딱딱해진 묵을 다시 쓸 때는 끓는물에 데쳐 쓰면 된다.

도토리 알고 먹기

고르기 벌레 먹지 않은 깨끗한 것이 좋다. 겉은 단단하고 껍질이 매끄러운 것이 좋은 것이다.

기본 손질 벌레 먹은 것은 골라내고 맷돌이나 돌로 비벼서 껍질을 제거한 뒤 바짝 말려서 빻는다. 이것을 큰 그릇에 담은 뒤 깨끗한 물을 부어 떫은맛을 우려낸다. 여러 번 반복하여 떫은맛이 없어지면 물을 따라낸 뒤 습기가 마를 때까지 말린다.

보관 방법 도토리는 찬물에 담갔다가 물기를 제거한 뒤 신문지에 싸서 비닐봉지에 담아 냉장 보관하고, 가루는 밀봉해서 습기가 없는 곳에 보관한다.

영양 성분 수렴·지사 작용을 하는 탄닌 성분이 들어 있어서 설사나 장 출혈을 멈추게 해 주고 치질로 인한 출혈이나 탈항 등에도 효과가 있다.

포인트 묵 장아찌는 사철 내내 담글 수 있으므로 입맛이 없거나 칼로리 부담 없이 먹을 수 있는 음식이 생각날 때 만들어 먹으면 좋다.

© ZP 정희원

도토리묵간장장아찌

재료 도토리묵 1kg **달임장** 간장·물·물엿·식초 각 1컵, 국간장·설탕 각 1/2컵 **양념** 다진 파, 다진 마늘, 설탕, 깨소금, 참기름 적당량

1 묵을 손가락 굵기로 잘라 채반에 펼친 뒤 3~4일 정도 겉물을 뒤적이며 햇볕에 말린다. **2** 달임장 재료를 넣고 끓여서 건더기만 건져내고 장은 식힌다. **3** 꾸덕꾸덕하게 마른 묵을 용기에 담고 달임장을 부은 뒤 떠오르지 않도록 무거운 돌로 눌러 놓는다. **4** 한두 달 정도 지나 양념이 속까지 충분히 배어들면 필요한 만큼만 꺼내 참기름과 깨소금을 넣고 무쳐 먹는다.

특별하게 즐기는 장아찌

두부
콩의 영양이 그대로 들어 있는 국민 식품

두부는 콩을 이용한 대표적인 식품으로, 콩의 영양이 그대로 들어 있다. 값이 저렴해 매일 식탁에 올려도 부담이 없고 사계절 내내 이용할 수 있다. 맛이 담백하고 소화성이 뛰어나 아이의 이유식에서 가족을 위한 반찬, 노인의 건강식, 환자의 병후 회복식까지 다양한 요리에 이용 가능하다. 삶은 콩의 흡수율이 65%인 데 비해 두부로 섭취하면 95%로 크게 상승한다. 포화 지방 함량은 낮고 수분은 풍부하여 포만감은 큰 반면 칼로리는 낮아 비만을 걱정하거나 다이어트를 하는 사람들에게도 인기가 좋다. 식물성 식품임에도 불구하고 칼슘이 풍부해 치아와 뼈를 건강하게 하고, 이소플라본(isoflavone)의 작용으로 뼈 건강을 지켜 주어 골다공증 예방 효과도 있다. 체내에서는 합성되지 않는 필수 지방산인 리놀렌산(linolenic acid)도 풍부하여 몸에 지방이 축적되는 것을 막아 준다.

두부 알고 먹기

고르기 연한 미색이 도는 흰색에 탄력이 있고 감촉이 부드러운 것을 고른다.

기본 손질 두부를 으깰 때는 물기를 닦아낸 뒤 칼을 비스듬히 눕혀 으깬다. 찌개나 전골에 넣을 때는 살짝 데치거나 기름에 한번 살짝 부쳐서 넣으면 부서지지 않는다.

보관 방법 구입한 즉시 포장 용기에서 꺼내 물에 담그고, 남은 두부는 물에 담가 냉장고에 넣으면 2~3일 정도 보관 가능하다.

영양 성분 수분이 80~90%이고 단백질, 식물성 지방, 비타민E, 니아신 등이 풍부하다.

포인트 알맞은 크기로 잘라 소금을 뿌려 물기를 제거하면 단단해진다. 삶는 물에 소금을 약간 넣고 잠깐 끓이면 맛이 유지된다.

두부된장장아찌

재료 두부 3모, 된장 5컵, 가는 소금 1큰술

1 두부를 으깨어 베보자기에 싼 뒤 무거운 것으로 눌러 물기를 제거한다. 2 두부를 절구에 넣고 소금간을 한 뒤 곱게 찧는다. 3 간이 밴 두부를 베주머니에 넣고 입구를 묶은 뒤 네모 모양으로 썬다. 4 용기에 된장을 깔고 두부를 넣은 뒤 된장을 덮고 소금을 뿌린다. 4 1개월 정도 지나면 맛이 든다.

※ 두부장은 고기를 먹지 않는 절에서 쌈장을 대신하던 음식으로, 특히 전라남도 해남 대흥사의 두부장이 유명하다. 조선 시대의 고서 《규합총서(閨閤叢書)》에는 두부지라고 하여 두부를 베주머니에 넣어 고추장이나 간장 단지에 박아 두고 먹었다는 기록이 있다.

※ 맛보기 : 구수하고 부드러운 감칠맛 덕분에 마치 치즈를 먹는 듯한 느낌이 드는 장아찌

특별하게 즐기는 장아찌

북어
성장과 생식에 필요한 필수 아미노산이 풍부

북어는 명태를 말린 것이다. 예부터 '맛 좋기는 청어, 많이 먹기는 명태'라고 했을 정도로 명태는 우리나라 사람들은 명태를 즐겨 먹었다. 즐겨 먹는 만큼 그 이름도 다양하다. 상태에 따라 싱싱한 생물 상태인 생태, 얼린 동태, 말린 북어, 얼리고 녹이는 과정을 반복한 황태, 내장과 아가미를 제거한 반건조 상태의 코다리, 하얗게 말린 백태, 검게 말린 흑태, 딱딱하게 말린 깡태 등으로 나눌 수 있고, 잡는 방법과 지방에 따라 북방 바다에서 잡은 북어(北魚), 그물로 잡은 망태(網太), 낚시로 잡은 조태(釣太), 강원도에서 잡은 강태(江太), 함경도에서 잡은 왜태(倭太) 등으로 나눌 수 있다. 명태에는 특히 단백질이 풍부한데, 명태의 단백질은 완전 단백질로 성장과 생식에 필요한 필수 아미노산이 풍부해 체조직을 구성한다. 피부와 점막에 필수인 양질의 비타민A와 니아신도 들어 있다. 메티오닌, 글리신 타우린 등의 성분도 들어 있어 간을 보호하는 효과도 있다. 각종 독에 걸리거나 뱀에 물렸을 때 마른 명태를 푹 끓여서 국물을 마시면 효과를 볼 수 있다. 칼슘과 철분도 풍부하여 어린이의 건강식이나 노인의 영양식으로도 좋다.

북어 알고 먹기

고르기 빛이 누렇고 살이 연하며 더덕처럼 살이 부풀어 있는 건명태를 더덕북어라 하여 상품으로 친다. 볕에 지나치게 오래 노출되었던 것은 기름이 산화되어 누렇게 보이므로 피한다.

기본 손질 마른 생선살을 부드럽게 하고 떫은맛을 제거하기 위해 쌀뜨물에 불려 이용한다.

보관 방법 바람이 잘 통하고 그늘진 곳에 말려 물이 닿지 않게 보관한다.

영양 성분 간을 보호해 주는 아미노산이 풍부하여 해장국의 재료로 좋다.

포인트 방망이로 두들겨 납작하게 만든 북어를 젖은 행주에 싸서 무거운 도마로 눌러 두면 살이 훨씬 부드러워진다.

북어포고추장장아찌

재료 북어 2마리(140g) **달임장** 물 1컵, 간장·설탕·식초 각 1/2컵, 마른 고추 2개 **절임 고추장** 고추장 3컵, 조청 1/2컵, 간장·청주 각 2큰술 **양념** 다진 파, 참기름, 다진 마늘, 통깨, 설탕

1 통북어를 준비하여 방망이로 두들겨 젖은 행주에 싸서 무거운 도마나 그릇으로 누르거나 쌀뜨물에 잠시 담갔다가 젖은 면보를 30분 정도 덮어 부드럽게 만든다. **2** 북어가 적당히 부드러워지면 머리를 자르고 가운데 뼈를 발라 낸다. **3** 달임장을 만들어 북어를 넣고 2달간 숙성시킨다. **4** 용기에서 북어를 꺼내 물기를 제거한 뒤 절임 고추장에 박아 2~3개월간 숙성시킨다. **5** 북어를 결대로 찢어 갖은 양념에 버무려 먹는다.

※ 맛보기 : 부드럽고 개운한 뒷맛이 좋은 장아찌

특별하게 즐기는 장아찌

진미채 콜레스테롤을 분해하는 타우린이 풍부

진미채는 오징어를 잘게 찢어서 그늘에 말리거나 기계에 넣어 건조시킨 가공식품으로 마른반찬이나 아이들의 도시락 반찬으로 많이 이용한다. 오징어의 주성분은 단백질로 그 함량이 쇠고기의 3배 정도 된다. 오징어의 육질이 쫄깃쫄깃한 이유는 오징어의 단백질이 물에 녹기 쉬운 데다 미오신(myosin)이라는 성분이 많이 들어 있지 않기 때문이다. 콜레스테롤 함량이 높은 것이 단점이지만 콜레스테롤을 분해하는 타우린(taurine) 성분이 풍부해서 걱정하지 않아도 된다. 오징어를 말릴 때 표피에 생기는 하얀 가루가 바로 타우린이다. 타우린은 콜레스테롤계의 담석을 용해하고 간장을 해독하며 심근경색이나 협심증, 심장마비 등의 심장 질환을 예방해 줄 뿐만 아니라 시력을 회복하고 근육의 피로를 풀어 주는 효과가 있다. 혈액을 보충해 주는 비타민B12도 들어 있어서 여성의 빈혈과 갱년기 장애에 효과를 발휘한다. 면역력을 강화하여 DNA를 보호하고 세포 기능을 활성화시켜 노화를 막아 주고 암과 생활습관병을 예방한다고 알려진 셀레늄도 들어 있다.

진미채 알고 먹기

고르기 잘 마르고 색이 일정하며 상한 냄새가 나지 않는 것을 고른다.

기본 손질 뭉쳐 있는 것을 살살 풀어서 먹기 좋은 크기로 썬다.

보관 방법 건어물은 습기에 약하므로 녹차 티백과 함께 밀폐 용기에 넣어 냉동 보관하는 것이 좋다.

영양 성분 단백질, 아미노산, 타우린을 비롯해 각종 생활습관병에 효과적인 생리 기능 물질이 다양하다.

포인트 요리를 할 때 호두를 함께 넣으면 호두에 풍부한 불포화 지방산이 보충되어 맛이 더욱 고소해지고 영양적으로도 더 우수해진다.

진미채고추장장아찌

재료 진미채 500g, 고추장 2컵, 물엿·매실액 각 1/2컵, 설탕 2큰술 **양념** 다진 파, 다진 마늘, 설탕, 깨소금, 참기름 적당량

1 진미채에 젖은 행주를 1시간 정도 덮어 두어 부드럽게 만든다. **2** 진미채를 고추장, 매실액, 물엿(준비한 양의 절반만 이용), 설탕에 버무려 용기에 담고 누른다. **3** 남겨둔 절반의 물엿을 위에 덮어 공기가 통하지 않게 한다. **4** 1개월 정도 지나면 먹을 수 있다. 먹을 만큼만 꺼내어 양념하여 먹는다.

참고 문헌

강순의 《한국의 맛 김치》 한국외식정보(2001)

강인희 《한국식생활사》 삼영사(1983)

강인희 《한국의 맛》 대한교과서주식회사

구관문 《(식초의 달인) 구관문의 초밀란으로 간암 다스리기》 태일출판사

김상보 《조선시대의 음식 문화》 283~284쪽

김용판 《내 건강은 내가》 우리출판사

김정숙 《맛으로 먹고 멋으로 먹는 우리 김치 55가지》 아카데미북(2006)

김정숙 《식탁 위의 보약 건강 음식 200가지》 아카데미북(2008)

김정숙 《이맘 때 뭘 먹지》 한열미디어(2006)

마귈론 투생-사마 《먹거리의 역사》 22장 419쪽 까치(2002)

마귈론 투생-사마 《먹거리의 역사》 서론 14쪽 까치(2002)

문원북·문관하 《음식 문화와 건강 비결》

서유구 《임원십육지》(1798)

서정옥 《한식비전》 현암사(2006)

유태종 《유태종 박사의 식품동의보감》 아카데미북

윤서석 《우리나라 식생활 문화의 역사》 392쪽 신광출판사(1999)

윤서석 《우리나라 식생활 문화의 역사》 229쪽 신광출판사(1999)

윤서석 《우리나라 식생활 문화의 역사》 228쪽 신광출판사(1999)

윤숙자 《한국의 저장 발효 음식》 215~218쪽 신광출판사(2004)

이서래 《한국의 발효 식품》 이화여자대학교 출판부(1997)

이춘자 외 《장》 대원사

임동권 《한국민요집 1》 집문당(1993)

최홍식 《김치의 담금과 가공 저장》 92쪽 도서출판 효일(2005)

편세라 기자 (생활정보신문 2005. 10) 해피데이

한명규 《식품 재료학》 신정출판사.

한복려 《한복려의 밑반찬 이야기》 중앙 M&B(2001)

한복려·한복진 《장 담그는 법》 도서출판둥지

한복려·한복진 《종가집 시어머니 장 담그는 법》 198쪽 도서출판 둥지, 1995

한복려·한복진 《종가집 시어머니 장 담그는 법》 58쪽 도서출판 둥지, 1995

한복선 《명절 음식》, 대원사(1997)

한복진 《우리 음식 백 가지》, 현암사(1999)

한복진 《조선시대 궁중의 식생활 문화》, 5쪽, 서울대학교출판부, 2005

허정옥·박건영 〈소금의 종류별 미네랄 함량과 외형 구조 비교〉(한국식품영양과학회지, 1998)